文史哲學集成

元雜劇八論

顏天佑著

文史哲出版社印行

國家圖書館出版品預行編目資料

元雜劇八論 / 顏天佑著. -- 初版. -- 臺北市
: 文史哲, 民 85
面 ; 公分. --（文史哲學術叢刊 ; 365）
參考書目 : 面
ISBN 957-549-020-7（平裝）

1. 中國戲曲 - 元(1260-1368) - 評論

824.857 85007084

㉞⑤ 文史哲學集成

元雜劇八論

著者：顏天佑
出版者：文史哲出版社
登記證字號：行政院新聞局局版臺業字五三三七號
發行人：彭正雄
發行所：文史哲出版社
印刷者：文史哲出版社
台北市羅斯福路一段七十二巷四號
郵撥〇五一二八八一二彭正雄帳戶
電話：三五一一〇二八

實價新台幣三六〇元

中華民國八十五年八月初版

ISBN 957-547-138-5

自序

這本書共包括了八篇論文。

第一篇〈從天道觀念的轉變看竇娥冤〉、第二篇〈試論救風塵一劇的對比結構及其意義〉，主要的著眼點是希望藉由這兩本劇作的深入分析，能進一步觸及傳統戲劇中悲劇、喜劇的特殊意涵與精神；同時對元代最有名、也是社會屬性最強的劇作家關漢卿及其作品，能有一番新的體認與詮釋。

第三篇〈試論漢宮秋雜劇結構的抒情取向〉，則是嘗試從個別作品的了解，擴大而爲傳統戲劇抒情取向的本質探討。而後隨著劇壇上「抒劇中角色之情」到「抒劇作家之情」的轉變，第四篇〈從馬致遠作品看元雜劇抒情化之意義〉的提出，即基於此一戲劇史的考量。至於第五篇〈元劇青衫淚、王粲登樓中的文人幻夢〉，可說是三、四兩篇論文觀點於元劇中的具體求證。

而如此的研究架構，其實也還有一個均衡的立意。因爲一、二篇與三、四、五篇的作家、作品，正好是元雜劇中兩種截然不同的典型。戲劇史上行家、名家、本色、文采等等的主張論辯，或許透過這樣的比對討論，多少能有一些釐清的作用。

另外，長期間碰觸元雜劇、分析作品，不可能不面對它們的結構問題。以上的幾篇論文，便都已注意到了，其中有兩篇還是從結構的角度切入的。當然，我們都知道，戲劇以結構爲首要。而經常我們聽到的是，元雜劇的長處在它的文章、不在它的關目結構。事實的眞相究竟如何？它所以然的關鍵在那裏？元雜劇結構的常見缺陷又有那些？第六篇〈試論元雜劇體制對其結構之影響─以關漢卿作品爲例〉、第七篇〈從俗套蹈襲看元雜劇的結構〉，代表的便是個人在這方面的一點點努力。最後一篇〈試論賈仲明的八十首凌波仙挽曲〉，之所以作如此的選擇，不只是它以曲論曲的方式，一脈相傳的承繼了中國文學裏論詩絕句的批評傳統；同時也是因爲賈仲明的這些作品，爲元人雜劇留下了全面的記錄，可以提供我們作元雜劇研究時的指標參考。

博士論文《元雜劇所反映之元代社會》撰寫完畢之後，愈發感覺到對元雜劇認識的皮毛與局限，總希望能繼續從更深、更廣的角度去作研究，這八篇論文多少說明了個人在這方面的嘗試。雖然它們全部獲得了國科會的獎助，但我當然深知，在熱切的企圖心之下，這麼一點有限的成績，事實上是相當令人汗顏的。祈盼博雅君子能有以教我。

中華民國八十五年二月　**顏天佑**　序於台中

元雜劇八論

目次

從天道觀念的轉變看竇娥冤

壹 前 言

〈竇娥冤〉一劇是元代劇作家關漢卿的不朽之作。關氏身當漢民族淪於異族統治下的一個時期，政治上的迫害、經濟上的剝削，在在都使這一時代蒙上黑暗的色彩。而尤其嚴重的是，必然的隔閡與蓄意的摧殘，更幾乎癱瘓了傳統的禮法制度和精神文化。關漢卿與同時代讀書人一般無二的窮愁潦倒，不可避免地會造成文化歧異的強烈矛盾。另外他卑下的地位處境與浪蕩混跡的市井性格（註一），也無疑地使他對社會的黑暗、人性的糾葛，有著敏銳而深刻的感受。我們可以說，關氏劇中角色的有血有肉、活靈活現（註二），就是他時代體認下的最好註腳了。其中竇娥性格、情感的稜角分明，遭遇的錯綜迭變，尤可推為代表。〈竇娥冤〉一劇之為悲劇，王國維在《宋元戲曲考》一書中早已指出：

「其最有悲劇之性質者，則如關漢卿之〈竇娥冤〉、紀君祥之〈趙氏孤兒〉。劇中雖有惡人交構其間，而其蹈湯赴火者，仍出於其主人翁之意志。即列之於世界大悲劇中，亦無愧色也。」（註三）

自王氏立此論調，後來的學者除了各依西方的悲劇理念，間或在框架不合之餘，有所意見，其他則大都從這種不妥協、不屈服，以致惹來無窮禍災的執拗性格，來肯定此一劇本的悲劇意義。（註四）不錯，這種透過自我抉擇而無懼於苦難的執拗性格，確實是凝聚悲劇氣氛與膨脹竇娥形象的主要力量。然而單是個人形象的塑造，究竟仍欠缺比較寬廣層面的意義。因爲就「專爲登場」的戲劇本質而言（註五），〈竇娥冤〉一劇的動人觀聽、引發共鳴，應該還在於藉由竇娥這一不幸女子所面臨的苦楚、迫害，來暗示整個時代的沈沈悲哀。高利貸的製造事端、張驢兒父子的無賴、以及楚州太守桃杌的昏庸腐敗等等，都和執拗不屈的竇娥形象，交織成一面不斷擴張的悲劇巨網，讓喘息在這一時代陰影中的卑微人們無所遁形。當然，從個別意義進而爲社會的全面觀照，這也是一般研究〈竇娥冤〉或其他元劇作品的學者所不會缺漏的課題。

而再三地細讀了〈竇〉劇，我覺得在經歷了那麼多的凌辱和不堪之後，竇娥固然突出了她堅強的個性和高貴的情操，使人一掬同情之淚以外，更不禁要肅然起敬。但眞正觸及人性矛盾、懷疑的根本，讀之怵然心驚的，還在於竇娥一次又一次的迷惑、掙扎、衝突和血淚交迸的吶喊。她在第一折裏唱出了守寡生活的煎熬，卻又在道德的意念下，瞬即壓制了自己的情緒。爲了怕「惹外人談議」、「連我也累做不清不潔」（註六），竇娥跟婆婆之間的針鋒相對，勢必又將她推到觸犯世俗道德的另一矛盾之中。更荒謬的是，犧牲自己去救婆婆，原本是極崇高的行爲。但一認了罪名，便自陷入背離道德的兩難了。而在呼天不應的情形下，竇娥被冤屈問斬，那麼執著於臨刑三誓又有何意義？此外，竇娥的不免一死和三誓的全部兌現，難道不也存在著必然的扞格嗎？無怪乎到了最後一折，當竇娥的鬼魂出現，仍不禁要對她執掌刑名的父親喊冤：「我不肯順他人，倒著我赴法場；我不肯辱祖上，倒把我殘生壞。」「本一點孝順的心懷，倒做了惹禍的胚胎。我道官吏每還覆勘，怎將咱屈斬首在長街？」

似乎竇娥短短的一生，就全犧牲在道德的衝擊和人性的試煉了。或許我們會說，通過她內心的矛盾、掙扎，以及對天道的質疑、考驗，劇作家終於肯定了人性的尊嚴，而在結局裏，缺憾也果眞還諸天地了。然而在女主角紛至沓來的坎坷、困頓之中，人類本能的同情心和過往經驗的檢視，伴隨著生活周遭的疑慮、不平，不斷地發酵醞釀，乃至於到了感同身受的地步。劇中反覆呈現的是一個顚倒錯亂的社會，每一次事件都讓公道剝落一層外殼。而最可悲的是，天道的信賴原本爲人心的主要安頓、也是社會安定的起碼維繫，但在竇娥的世界裏，它卻整個動搖了。如果說執拗地走向毀滅，讓我們體認到一個悲劇英雄的精神；社會黑暗的投影，又擴大了悲劇的時代意義。那麼天道信仰的動搖，更是超越了時間、空間的距離，指出了全人類無可奈何的悲哀。

所謂「客觀之詩人不可不多閱世」（註七），因爲閱世愈廣愈深，對社會的本質與人情人性的多樣面貌，自然就會有更進一步的燭照。作爲一個客觀的劇作家，關漢卿可以說抓住了人心深處的共鳴點，從天道假象的寄託、懷疑、乃至否定，在〈竇娥冤〉一劇中寫出了人類共同的悲劇。而在他藝術技巧的高度運用下，這一整個天道觀念轉變的歷程，又同時串織成了〈竇娥冤〉緊湊高張的劇情結構。〈竇娥冤〉一劇的精神與意義在此，關漢卿的深刻與高明亦在於此。

貳　中國人的天道觀念

在討論〈竇娥冤〉劇中天道觀念的轉變、及其匯聚而成的悲劇力量之前，我們必須先對中國人心中根深柢固的天道觀念，全面性的回溯、剖析，否則便無法充分領悟此一悲劇主題排山倒海的震撼力了。

當天地初判、文明草創的階段，宇宙萬物的種種現象，對原始生民而言，實在無往而不神祕。所以由希望、解釋、敬畏的精神狀態，自然便衍生了無所不在的天神地祇人鬼。以殷商爲例，卜辭中便充斥著「帝其降堇（饉）」、「今二月帝不令雨」這類的內容。因爲殷人的至上神是有意志的一種人格神，它能夠命令、有好惡，一切天時的風雨晦冥、人事的吉凶福禍，皆由天帝所主宰。而在這樣的思想氛圍裏，殷人可說是極端迷信的。《禮記》的〈表記〉中有如下的一段話：

「殷人尊神，率民以事神。周人尊禮尚施，事鬼敬神而遠之。」

在這裏，我們固然看到了殷人迷信鬼神的說明，卻也同時注意到了商周間的顯然不同。大概以農業文化起家的周，在長時間春耕、夏耘、秋收、冬藏的農業運作中，深刻體認了人力的功能與意義。於是人文思想的抬頭，使人得以多少掙脫了天的籠罩。不過在一般人的觀念裏，天的威權仍不是一時之間所能取代的，《左傳》中便存在著許多足以說明當時人宗教情緒的史料，例如：

「(宮之奇)對曰，臣聞之，鬼神非人實親，唯德是依。故周書曰：『皇天無親，惟德是輔。』又曰：『黍稷非馨，明德惟馨』又曰：『民不易物，惟德繫物。』如是則非德，民不和、神不享矣。神所憑依，將在德矣。」(註八)

「晉大夫三拜稽首曰，君履后土而戴皇天，皇天后土，實聞君之言。……(秦)公曰，……我食吾言，背天地也。……背天不祥。……」(註九)

「(楚子曰)，天將興之，誰能廢之，違天必有大咎。」(註一〇)

從以上的資料看來，在這些人的心目中，天仍是權力的中心，與過去並無不同。所漸異的，周人既存在著「事鬼敬神而遠之」的理性疏離態度，便揭舉出道德一事，以求與天道相輔相成。同時在中國人的宗教思想裏，又存在著祖考配享上帝或天的特殊理念，《詩經》〈大雅〉〈文王〉：「文王陟降，在帝左右。」可說就是一個明顯的例子。而由於神人的距離不大，在人的理想、希望投影之下，彼此自然有了感通的道路。唐君毅《中國文化之精神價值》一書即指出：

「神與人親近，故天神早富於對人之仁愛體恤之情。人之修德，無不可感動天。故詩書中特多『天矜於四方民』『唯天惠民』『皇天哀矜庶戮之不辜』『皇矣上帝……監觀四方，求民之莫』『皇天無親，唯德是輔』『唯德動天，無遠弗屆』『帝謂文王，予懷明德』『帝謂文王，無然歆羨，無然畔援』之語。由天神之與人接近，而又富仁愛體恤之情，故中國古人雖信天神之尊嚴，仍可信天神之遍在自然，遍覆人間世界。」(註一一)

不管它是否能眞正兌現，但基於人類普遍的希冀需求，卻必然會被一般的人所樂意接受、相信。陰陽五行的變本加厲，乃至漢初董仲舒「天人相與之際，甚可畏也」的思想（註一二），其實都奠基於如此的心理基礎。

其後佛教傳入中國，它簡單化、卑俗化之後的教義觀念，更是深深地影響了下階層的民衆。其中輪迴之說，認爲芸芸衆生無不輾轉生死於六道之中，歷經苦難。果報觀則關係到一個人行爲的善惡、乃至心念的正邪，以爲報應分明，絲毫不爽。同時這一切又是絕對平等的，凡大千世界的一切衆生，都必然受此鐵則的支配。（註一三）

無可置疑地，如此具有約束警醒兼帶鼓舞安慰作用的宗教思想，對於勞苦大衆，尤其是身陷災難困頓的人們來說，自然產生了無比的慰藉力量。而在時間的兼容並蓄之下，這股巨大的民間信仰和傳統的天道觀念相契合，匯聚爲中國人生活裏如影隨形的支配力量。

叁　天道觀念的轉變與悲劇力量的形成

有了以上的體認，我們才可以進一步來分析〈竇娥冤〉劇中悲劇力量的形成。劇情一開始的楔子和第一折前半，竇娥只是身不由己的承受著命運的肆虐，她無可奈何地哭訴著：

「妾身姓竇，小字端雲，祖居楚州人氏。我三歲上亡了母親，七歲上離了父親。俺父親將我嫁與蔡婆婆爲兒媳婦，改名竇娥。至十七歲與夫成親，不幸丈夫亡化，可早三年光景，我今二十歲也。……竇娥也，你這好命苦也呵！」（註一四）

如果善惡報應乃是行爲因果的一種必然關係，那麼童稚無知的竇娥，喪母離父、乃至被質押爲媳，又究竟是爲了什麼呢？丈夫早逝、婆媳相依，同樣地該歸諸何因？是的，一切委之於「命」，似乎是太虛幻了。然而對當時毫無招架之力的竇娥來說，也只剩這一自欺欺人的解釋了。接著守寡生活憂煎、掙扎，當然仍是前面命運擺佈的延續，但對已經成年、擁有自主意識的竇娥，眼前不堪處境之歸諸天意、歸諸宿命，恐怕就不復那麼單純了。我們試諦聽竇娥的心聲：

〔仙呂點絳唇〕滿腹閒愁，數年禁受，天知否？天若是知我情由，怕不待和天瘦。

〔混江龍〕則問那黃昏白晝，兩般兒忘餐廢寢幾時休？大都來昨宵夢裏，和著今日心頭。催人淚的是錦爛熳花枝橫繡闥，斷人腸的是剔團圞月色掛粧樓。長則是急煎煎按不住意中焦，悶沈沈展不徹眉尖皺，越覺的情懷冗冗、心緒悠悠。

〔云〕似這等憂愁，不知幾時是了也呵！（註一五）

這裏面所吐露的是一種矛盾、掙扎、恍惚、苦悶的思婦情懷，而必須觸及竇娥眞正的內心世界，才能愈發體會到她淡淡歸結於宿命的悲哀。不錯，竇娥是如此唱著：

〔油葫蘆〕莫不是八字兒該載著一世憂，誰似我無盡頭。……

〔天下樂〕莫不是前世裏燒香不到頭，今也波生招禍尤。勸今人早將來世修，我將這婆侍養，我將這服孝守，我言詞須應口。

似乎輕描淡寫的前世、今生、來世，以及八字兒註定的天意和謹言愼行的人爲，便交代了一切。其實佛家的輪迴果報之說，所謂「若問前生何，今生受者是。若問來生何，今生做者是。」固亦隱含積極勸善的意義。但眞正的作用，恐怕還在於爲人類不能主宰自己命運的悲哀，提供一種心理的慰藉。因爲將現實的一切苦痛，歸之於渺不可尋的過去、而同時又轉化爲未來的期望，確是有其抒解功能的。前引的這段唱詞裏，竇娥在「八字兒該載著一世憂」的合理推測之後，原又接著有「誰似我無盡頭」的怨艾。照說這種對命運開始懷疑的態度，應該是可以導致竇娥的及早覺悟的。但是她沒有、也不可能做到這一點，因爲現實的苦痛迫使著她急於找到心靈療治的藥方。所以當我們看到如此的急轉直降，對竇娥卻只有更加的同情。

尤其值得注意的是，當宿命論被提出且經情緒化的認定之後，一切現實的災難便藉由前世、來生的支撐，而理所當然的舒坦了一些。但問題在於這一假象的持續，卻必得賴於現實承擔的塑造才行。冀望著「天」的報償，唯有「人」的不斷付出。這種虛幻與眞實間的交替、這種得與失之間的適應，便是竇娥的矛盾、悲哀了。

而基於執拗堅貞的個性，同時也是天人相互感應理念的一種信守，竇娥情願忍受著守寡生活的煎熬。「我將這婆侍養，我將這服孝守，我言詞須應口。」凡此都是天所照見的道德行爲表現。甚至在接著的第一折後半段，竇娥不惜與婆婆針鋒相對、更義正辭嚴地斥責張驢兒。第二折中，無視於張驢兒的要脅，堅信公道的終必存在，而情願去面對官府的審判。隨著衝突的由內而外、由小而大，竇娥的道德形象也因之漸趨膨脹。

照說天人既相感應，竇娥便該有著一較合理圓滿的下場。但諷刺的是，執著於世俗的道德，「生怕傍人論議」。而勸諫批判了婆婆，一方面當然也使自己不可避免地觸犯了世俗道德「忤逆」的忌諱，一方面更導致事情的不可收拾。另外缺乏道德勇氣的蔡婆，本是整樁悲劇的肇端，但她終究還是怯懦地活了下去。反倒是堅持道德立場的竇娥，卻為了救蔡婆而賠上了性命。或許它很荒謬，然而它竟然就是事實。同時竇娥因為清楚自己的無辜，又以為「大人你明如鏡、清似水，照妾身肝膽虛實」，所以義無反顧的選擇了見官一途。人間公道的確信，結果是換來了「捱千般打拷、萬種凌逼，一杖下，一道血，一層皮」的慘重教訓。在整個劇情的推展過程裏，我們都只見到屬於「人」的道德行為在不斷付出、不斷提昇，但它所希冀能予以肯定、予以回報的「天」，卻相對地萎頓了。這是竇娥的困惑、也是相信天道報應者的共同迷惘。也正因為這樣，竇娥心中安頓力量來源的天道信仰，不得不有所動搖了。第二折的末尾，她終於吶喊道：「天啊！怎麼的覆盆不照太陽暉？」

在現實中忍受百般的苦楚、面對一次又一次的横逆，所換來的卻是生命的即將終結和信仰的徹底崩潰，竇娥如何能夠無怨？第三折裏，我們見到的是竇娥憤慨激越的大聲質問：

〔正宮端正好〕沒來由犯王法，不提防遭刑憲，叫聲屈動地驚天。頃刻間遊魂先赴森羅殿，怎不將天地也生埋怨。

〔滾繡球〕有日月朝暮懸，有鬼神掌著生死權，天地也，只合把清濁分辨，可怎生糊突了盜跖顏淵。爲善的受貧窮更命短，造惡的享富貴又壽延。天地也，做得箇怕硬欺軟，卻原來也這般順水推船。地也，你不分好歹何爲地？天也，你錯勘賢愚枉做天。哎，只落得兩淚漣漣。

這可以說是一篇血淚交織、扣人心弦的控訴了。一向支撐著竇娥內心信仰世界的天道觀念，竟然在她的形體毀亡之前，便先一步癱瘓瓦解。如果悲劇原就是一種必須付出相當代價的領悟（註一六），那麼覺悟到生死、清濁、善惡、賢愚、貧富、壽夭在理想投射的天道世界裏，原亦顛倒錯亂，又該是什麼樣的一種悲哀？所謂「哀莫大於心死」，相對於如此徹底的無形毀滅，肉體的死亡反倒是較爲次要的問題了。

眞正感受到了這一點，我們才能瞭解爲什麼臨刑之際，竇娥仍執著於「有一事肯依竇娥，便死而無怨」。當然，「刀過處頭落，一腔熱血休半點兒沾在地下，都飛在白練上者。」「身死之後，天降三尺瑞雪，遮掩了竇娥屍首。」「從今以後，著這楚州亢旱三年。」這三樁祚話似的誓願，果眞一一兌現，表面上好像便證驗了竇娥「冤」的「感動天地」、而重申了天道的回歸。其實竇娥的冤死和三誓的兌現，無論如何都已是一種天道存在的矛盾了。（註一七）從觀衆的角度而言，這或許是補償心態的虛幻滿足。而就劇情中竇娥一系列的心理發展看來，如此迫切的證驗，卻適足以反襯她天道信仰崩潰的莫名悲哀。

第四折裏，竇娥的鬼魂更進一步現身，向已貴爲肅政廉訪使的父親託夢哀告，於是昏官免職、元兇淩遲。善惡報應的安排，使得〈竇娥冤〉一劇至此有了較圓滿的結束。然而一般學者往往認爲如此刻意的牽合，事實上反沖淡了前三折所苦心經營的悲劇色彩。（註一八）不錯，就中國劇場最後團圓熱鬧收結的俗套來說。這一立論是有著相當說服力的。（註一九）但是〈竇娥冤〉一劇，我們卻可稍作一些嘗試性的解說。首先來看竇娥這一悲劇的主人翁，在楔子裏，是父親竇天章的困窮不濟，才註定了她悲悽坎坷、折磨冤死的命運。而時隔十六年之久，父女再度相逢，卻已是人天睽違了。然則鬼魂的出現，原本乃爲追討人世的公道，但如此的安排，又是多麼無可奈何的諷刺呢？尤有甚者，竇娥甫一現身，劈面而來的便是父親嚴厲的一頓教訓：

「我當初將你嫁與他家呵，要你三從四德。三從者，在家從父、出嫁從夫、夫死從子。四德者，事公姑、敬夫主、和妯娌、睦街坊。今三從四德全無，剗地犯了十惡大罪。我竇家三輩無犯法之男、五世無再婚之女。到今日被你辱沒祖宗世德，又連累我的清名。」

竇天章的道學面貌姑且不論，光從「要你三從四德」、「到今日被你辱沒……」這樣的語氣、措辭，我們便不難體會，傳統社會中世俗化的道德，往往抹殺了眞切的性情流露，而只講求一種形式表面的框架。容身於這樣的框架之中，竇娥除了天道的虛幻慰藉外，又何曾得到什麼呢？同時就理論與實際的層次來說，未嘗克盡羽翼天職的竇天章大言不慚的一段高談闊論，可卻是她女兒十六年來信守不渝的生活。（註二〇）而執著於天道的照臨、報償，竇娥的下場居然是「我不肯順他人，倒著我赴法場。我不肯辱祖上，倒把我殘生壞。」如果天道果眞存在，到這樣的地步，也該有所顯現了。但是除了竇娥的冤死換得了天行反常的證明，此後的三年，天道便似乎置身事外、不復聞問。接著展開的善惡報應，我們可以說全是竇娥個人所一力促成的。「我每日哭啼啼守住望鄉臺，急煎煎把仇人等待」的行爲、意念，基本上仍是判斬後「我做了箇銜冤負屈沒頭鬼，怎肯便放了你好色荒淫漏面賊」咒誓的貫串。（註二一）從那幾乎是人間性復仇的劇情，天道的影像毋寧說是相當模糊的。

是殘酷的現實迫使竇娥躲向一種虛幻的慰藉，但它卻又進一步讓竇娥身不由己地去剝穿眞相。逃避當然悲哀、覺悟又何嘗能夠釋懷？就這樣，由天道的默默承受，到天道的執意信守，乃至懷疑、埋怨、否定的串聯，就自然而然醞釀了悲劇力量感人的效果。

肆　天道缺失的共鳴與悲劇力量的擴張

而除了天道觀念的轉變，經營出竇娥個人的悲劇世界。關漢卿成功的地方，乃在於透過一些精神的相契與典故的融合，使得〈竇娥冤〉一劇的的悲劇力量，突破個別事件的狹隘基礎，在超越時空的普遍共鳴中無限擴張。第三折中對天的質疑、埋怨和臨刑三誓，無疑就是他著墨最有力的地方了。

在中國，自從《詩經》的變風變雅反映了社會現實悲劇後，「詩可以怨」的論點便成了探尋文學中悲劇的一種依據。（註二二）因爲怨的產生多半肇因於理想與現實的齟齬，而事實既難以撼動，則怨的背後就必然附著濃厚的悲的內容。典型的詩人屈原身處困厄悲怨之中，面對現實和歷史的重重黑暗，他用憤激的語句表達了不可或已的責難、怨恨。〈涉江〉裏「忠不必用兮，賢不必以。……與前世而皆然兮，吾又何怨乎今之人」的感慨，固已引人悵然深思。至於〈天問〉那種層層逼詢的語氣，更是讓人感受到「怨氣衝天」的雄渾的憤慨。試聽：

「天命反側，何罰何佑？齊桓九合，卒然身殺？彼王紂之躬，孰使亂惑？何惡輔弼，讒諂是服？比干何逆，而抑沈之？雷開何順，而賜封之？何聖人之一德，卒其異方，梅伯菹醢，箕子佯狂？」

短促的音節、緊接的疑問，造成一種逼人的氣勢。在如此得理不讓的情形下，天道即或存在，恐怕也要啞口無言吧？而讀了〈竇娥冤〉一劇忍無可忍、迸裂激發的「天問」，我們似乎可以深刻地覺察到一種氣氛的類似、精神的相契。陳有昇在說明了封建社會中，對天的懷疑乃是對統治者最強烈的反抗方式之後，便曾指出。

「元代關漢卿的〈竇娥冤〉表達的斥天責地的反抗精神，可說是屈原的懷疑精神的繼承。」

（註二三）

屈原以文學的手法寫出了對人世顛倒與天道錯置的痛心，司馬遷曾用史筆記錄了歷史事實的難以解釋。〈伯夷列傳〉中，夷、齊二人的傳記所占篇幅實極有限，但是因著他們「積仁絜行如此而餓死」的遭遇，衍生出來對「天道無親、常與善人」的撼搖，卻有著相當的份量。雖說司馬遷最後也提出了「各從其志」的心理安頓、以及歷史定論的補償，不過從他所列舉的古今、正反事例看來，仍不禁要讓我們心有戚戚焉。試看：

「且七十子之徒，仲尼獨薦顏淵爲好學。然回也屢空、糟糠不厭，而卒蚤夭。天之報施善人，其何如哉？盜蹠日殺不辜、肝人之肉，暴戾恣睢，聚黨數千人、橫行天下，竟以壽終，是遵何德哉？」（註二四）

善惡兩極的典型，卻偏都有著與他們行事截然相反的報應，無怪乎司馬遷本人也要「余甚惑焉，儻所謂天道是邪非邪」了。而基於同樣天道信仰的懷疑，關漢卿〈滾繡球〉曲文中「可怎生糊塗了盜跖顏淵……」的譬喻，可說是其來有自的。（註二五）

另外臨刑三誓原是〈竇娥冤〉中劇力空前高張之處，它結合了傳說與現實的雙重情感，而倍增動人的力量。王季思在其〈關漢卿和他的雜劇〉一文裏曾指出：

「……因此『鄒衍下獄，六月飛霜』、『周青被殺、冤血倒流』，早就成了中國民間流行的故事。關漢卿更把這些情節集中表現在〈竇娥冤〉裏法場這一折，在劇中造成了一種強烈的反抗氣氛，同時也在元人雜劇裏，創造出現實主義和浪漫主義相結合的典型範例。」（註二六）

東海孝婦周青和鄒衍的故事（註二七），既已是民間耳熟能詳的傳說，而顏淵、盜跖的善惡對比，亦爲古來人所常談。所以深諳編劇三昧的關漢卿將之鎔裁組合於第三折中，來與竇娥的現實遭遇作映照烘托，自然便使得天道質疑證驗的主旨，一下子跨越了時空的限制而獲致更強烈、也更普遍的共鳴。另外承襲了屈原〈天問〉的懷疑精神、卻不同於他知識分子的孤高；引用了司馬遷〈伯夷列傳〉中的相同例證、又不必去思索理性的精神出路。凡此種種都豐盈了〈竇娥冤〉一劇的內涵與感性，讓它的悲劇力量無限地擴張開來。

伍　以天道觀念爲主線的劇情結構

清代劇作家孔尚任在他的傳奇〈桃花扇〉凡例中曾謂：

「劇名〈桃花扇〉，則桃花扇譬則珠也，作〈桃花扇〉之筆譬則龍也。穿雲入霧、或正或側，而龍睛龍爪，總不離乎珠，觀者當用巨眼。」

其實一部好的戲劇，首先當然決定於它的題材、主旨。而有了曲折的題材與深刻的主旨之後，再來就要看劇作家如何經營處理了。〈桃花扇〉的成功，可以說就是得力於作者抓住了象徵男女主角愛情的桃花扇，以之串接兒女私情與國族淪喪的劇情主線，造成緊湊有力的效果。關漢卿既有著過人的才情、又積累了豐富的編劇知識與舞台經驗（註二八），自然深諳個中三昧。在〈竇娥冤〉一劇裏，關漢卿選擇了能夠引發共鳴而深切撞擊人們心靈的天道起伏，來銜接曲折感人的冤屈事件。從一開始的命運擺佈、轉而聽信命運，又經歷懷疑、否定，然後回歸天道的假象，我們可以說，這一主導的龍珠確實成功地舞動了萬鈞的劇力。

在楔子裏，竇娥一連串的遭遇，暗示了註定而無能抗拒的命運。而以中國人根深柢固的信仰來說，命運乃天所執掌。竇娥的任命運擺佈，固然充分說明她這時形象的渺小。但作爲全劇貫串主線的天道，則已透過恢然的籠罩，佈下了它龐大的身影。這對未來天人抗拒時竇娥形象的膨脹，實有它必要的關係。

接著第一折的前段，著重於竇娥守寡心情的描繪。而從「莫不是八字兒該載著一世憂」、「莫不是前世裏燒香不到頭」的唱詞，明顯地竇娥仍將一切歸諸命運。所以由「命運」的描寫，就成了楔子過到第一折的自然橋樑了。但要注意的是，此時的命運說詞，其實乃守寡生活掙扎的精神出路，可說隸屬於道德的範疇。亦即在天道的勢力中，已隱約埋下了「人」的根苗。如此，再以賽盧醫賴債謀害的戲劇性事件，導引劇情稍作轉折。原本突顯的竇娥內心刻劃，便進而爲外力抗拒的描寫了。這樣的轉變，稍作分析，即不難發現是「人」的明朗化，使道德範疇下的宿命論，一變而爲純粹道德的支撐。而所謂的外力，在此指的乃是蔡婆與張驢兒父子的雙重壓力。同時值得一提的是，外力的介入，促使竇娥的形象因著「人」的外現而開始膨脹。另外她本身的衝突，由於外力的移引，遂轉趨和緩。然而與婆婆的不得已衝突，卻又陷她於另一種的矛盾之中。如此的一弛一張，戲劇的強烈拉力便完完全全地呈現出來了。

羊肚湯事件的戲劇轉變，開啓了第二折的主要情節。承接上面的道德意識與抗拒行爲，我們可以說，惡漢欺凌和官府昏庸的雙重黑暗，使竇娥的道德形象因著外力的擴張而更加膨脹。同時在昏官的威嚇拷打之下，竇娥毅然擔負罪名，去面對即將到來的死亡命運。如此一來，原先與婆婆間的衝突，自然就消弭於無形了。但荒謬的是，以死亡代價拯救引發不幸事端的婆婆，本乃極其道德的行爲。而一經招認罪名，竇娥卻勢必要陷入絕對不道德的世俗屈辱之中。同時竇娥的執拗到底，或許該說主要就爲了天道的堅信，然則報應若果眞不爽，死亡的命運又將從何說起？矛盾的人世盡縮納於合理的劇情裏，作者體認的深刻與手法的高妙，實在令人嘆服。

第二折在爲「人」的執著付出慘重代價之後，竇娥已不禁要窮則呼天了。第三折於是濃縮範圍，集中於「天」的懷疑、究詰。使戲劇的震撼力，因著描寫面的縮小而益形強烈。而設若「天人感通」是竇娥信仰的主體，那麼對天的層層逼問，事實上即道德執著的一一剝落。甚至即使三誓依次兌現，但在以死爲先決的情況下，天道回歸的意義也就貶低不少了。至於鬼魂訴冤所完成的善惡報應，原本乃重建天道所不可或缺者。但竇娥伸冤報仇精神與形式的濃厚人間性，使得天道存在的事實，依舊缺乏超然的有力佐證。

就這樣，一樁人類懷疑天道存在，而在歷經掙扎、矛盾之後，終究還是不敢揭穿眞相的悲劇，在關漢卿生動有力的筆觸下，赤裸裸的呈現了出來。

陸　結　語

嘗試著大略說明中國人的天道觀念，然後再以此進行〈竇娥冤〉一劇的探討，或許如此從文化背景著手的分析工作，會多少釐清一些中國悲劇的本質與精神。至於一種文化實質的深刻體認和成功的文學表達，則是我在寫完這篇論文後，對關漢卿戲劇才情的更進一步肯定。無怪乎賈仲明的〈凌波仙〉詞要稱贊爲「驅梨園領袖，總編修師首，捻雜劇班頭」了。（註二九）

【註釋】

註一　由元鍾嗣成《錄鬼簿》（收鼎文《歷代詩史長編》二輯第二冊）卷上頁一〇四所收關氏資料之簡略難考，則其地位蓋可想見。而《全元散曲》（中華版）頁一七二錄關漢卿〈南呂一枝花〉〈不伏老〉套曲，備述歡場癖習，亦可略窺其謔浪之市井性格。

註二　關氏筆下如〈竇娥冤〉中的竇娥、〈救風塵〉中的趙盼兒、〈金線池〉中的杜蕊娘、〈調風月〉中的燕燕等，無不貼切其身份、處境而各具性情。此可參考戴不凡〈關漢卿筆下婦女性格的特徵〉、徐文斗〈關漢卿劇作中的婦女形象〉二文（收梁沛錦所編《關漢卿研究論文集成》、香港潛文堂）。

註三　見該書頁一二四第十二章〈元劇之文章〉（商務版）。

註四　所見論文如張漢良〈關漢卿的竇娥冤：一個通俗劇〉、古添洪〈悲劇：感天動地竇娥冤〉（俱收《中外文學》四卷八期），又彭鏡禧〈竇娥的性格刻劃〉（同書七卷六期）、黃美序〈竇娥冤的冤與願〉（同書十三卷一期）以及張炳祥〈竇娥冤是悲劇論〉（收時報出版社鄭樹森編《中西比較文學論集》一書）和張淑香〈從戲劇主題結構談竇娥的冤〉（收長安版《元雜劇中的愛情與社會》）。

註　五　語出李漁《閒情偶寄》卷之四〈演習部選劇第一〉，頁六九（長安版）。

註　六　見該劇第二折（用臧晉叔《元曲選》本，中華版）。

註　七　見王國維《人間詞話》卷上頁九（開明版）。

註　八　見《左傳》僖公五年（大化書局《十三經注疏》本）。

註　九　見前引書僖公十五年。

註一〇　見前引書僖公二十三年。

註一一　見該書頁廿六第二章〈中國古代宗教精神之特質〉（正中版）。

註一二　語出《漢書》卷五十六〈董仲舒傳〉中對策之第一策（鼎文版《校讀本廿五史》）。

註一三　此處參考姚一葦〈元雜劇中之悲劇觀初探〉（《中外文學》四卷四期）。

註一四　見該劇第一折。

註一五　同前註。

註一六　可參看張炳祥前引文（見註四）頁三〇三至頁三〇九。

註一七　容世誠〈竇娥冤的結構分析〉一文（《中外文學》十二卷九期），曾以表列提出：「在這語意系統裏，死亡和報應應存在著一結構上的對應關係，前者是劇中的重要事件，後者是一主導觀念，後者的訊息由前者所突顯，通過死亡而帶出天命無常的觀念，進而消弭個人信念和外界現實的敵對矛盾，是〈竇娥冤〉的主要意旨所在。」（頁六四—六五）其實竇娥遭遇對天道存在的無形否定，以及第三折中擲地有聲的天道質問，它們的震撼實質上是必然遠過於其後天道的和諧重建的。

註一八　如張漢良前引文（見註四）即以此而認爲〈竇娥冤〉只能算是一個通俗劇。但此實牽涉到悲劇定義與文化背景諸問題，可參看姚一葦前引文（見註十三）。

註一九　程石泉〈中國悲劇與西臘悲劇〉一文（《哲學與文化》第十五期）頁四二，以爲「中國的悲劇不管是如何的悲劇，需要有個快樂的結局來安慰人心。所謂『快樂的結局』不一定是『大團圓』，而是要求這個世界裏『善有善報，惡有惡報』」頗能指出通俗劇乃是那些勉強湊成「大團圓」的劇本。

註二〇　唐文標〈竇娥冤的悲劇和現實〉（《明報月刊》一二五期）即以爲此種道德性的悲劇，加上命運性、時代性的悲劇，乃交織於古代中國婦女身上的束縛而爲悲劇形成的根源。

註二一　前句見劇本第四折，後句見第二折。

註二二　語出《論語》〈陽貨篇〉（大化書局《十三經注疏本》）。

註二三　見其〈試論屈賦之『怨』的思想內容和藝術特色——中國古典悲劇初探〉（收木鐸版《中國古代美學藝術論》）。

註二四　見《史記》卷六十一〈伯夷列傳〉（鼎文版《校讀本廿五史》）。

註二五　徐朔方〈淺談竇娥冤〉一文（收《元雜劇鑒賞集》，北京人民文學出版社，一九八三年）頁一亦謂：「關漢卿受司馬遷〈伯夷列傳〉的啓發，對不合理的社會現實作了〈天問〉式的控訴。」

註二六　收梁沛錦前引書（見註二）頁一一一。

註二七　鄒衍冤獄、六月飛霜的故事，見《太平御覽》十四引《淮南子》。東海孝婦冤死而血倒流、郡亦乾旱三年，事見《漢書》〈于定國傳〉及《搜神記》。

註二八　鍾嗣成前引書（見註一）卷上錄關氏劇目，多達六十餘種，則其編劇知識之豐富，自可想見得知。而臧晉叔前引書（見註六）卷首則謂關氏「躬踐排場，面敷粉墨，以爲我家生活，偶倡優而不辭。」是又具備了實際舞台演出的經驗。

註二九　見鼎文《歷代詩史長編》二輯第二冊所收《錄鬼簿校勘記》，頁一五一所引。

試論〈救風塵〉一劇的對比結構及其意義

壹　前　言

雜劇是有元一代的文學表徵、也是傳統戲曲眞正成熟定型的一個重要標誌。在衆多可考的作家中，無疑的，關漢卿是時代最早、作品最多、也最値得注意的一位了。而當文人作家剛開始嘗試著投入新興技藝的創作，關漢卿之能爲雜劇藝術的繁盛做出最大的貢獻，不羈的才情固然重要，但長期生活在勾欄瓦舍之中，恐怕才是他能實際付出心力的主要因素。我們且看看他爲自己畫像的〈南呂一枝花〉〈不伏老〉套曲：

〈南呂一枝花〉攀出牆朵朵花，折臨路枝枝柳。花攀紅蕊嫩，柳折翠條柔。浪子風流。憑著我折柳攀花手。直煞得花殘柳敗休。半生來折柳攀花，一世裏眠花臥柳。

〈梁州〉我是箇普天下郎君領袖。蓋世界浪子班頭。……你道我老也，暫休。占排場風月功名首。更玲瓏又剔透。我是箇錦陣花營都帥頭。曾翫府遊州。

……………

〔尾〕我是箇蒸不爛煮不熟搥不扁炒不爆響璫璫一粒銅豌豆。恁子弟每誰教你鑽入他鋤不斷斫不下解不開頓不脫慢騰騰千層錦套頭。我翫的是梁園月，飲的是東京酒。賞的是洛陽花，攀的是章臺柳。我也會圍棋會蹴踘會打圍會插科，會歌舞會吹彈會嚥作會吟詩會雙陸。你便是落了我牙歪了我嘴瘸了我腿折了我手。天賜與我這幾般兒歹症候。尚兀自不肯休。則除是閻王親自喚，神鬼自來勾。三魂歸地府，七魄喪冥幽。天哪！那其間纔不向烟花路兒上走。（註一）

透過如此的一段表白，我們不難了解關漢卿的多才多藝與浪蕩風流了。而在另外一套〈南呂一枝花〉〈贈朱簾秀〉的曲子裏（註二），也留下了他和當時藝人交往過從的記錄。此外，臧晉叔〈元曲選序〉更提及關漢卿「躬踐排場，面傅粉墨，以為我家生活，偶倡優而不辭。」（註三）

這樣的生活體驗，這樣的戲劇參與，自然使他比一般的劇作家更能深入生活、深入戲劇。而反映著他的熟悉、親切、悲憫與關懷，風月情事便成了他極擅刻畫的主要題材了。在現存的十四本雜劇中（註四），以妓女為中心的便有三種，除〈趙盼兒風月救風塵〉之外，還有〈錢大尹智寵謝天香〉和〈杜蕊娘智賞金線池〉。黃敬欽在〈救風塵與倩女離魂的婦女形象〉一文中，一方面剖析了關漢卿對娼妓悽慘命運的無限同情，一方面也指出了這幾本雜劇極具意義而有趣的共通現象：

「後二劇正名均有一個『智』字，再加上〈救風塵〉中趙盼兒智賺周舍的休書。顯然關漢卿作品除了蘊含濃情蜜意之外，還有一種『巧思』，使他的劇作在技巧結構方面勝人一籌。」（註五）

不錯，勾欄瓦舍的親身體驗，不僅充實了關漢卿的劇作內容，使得他筆下的人物，尤其是那些歷盡風塵苦楚的卑微娼妓，都能在舞臺上吐露他們不爲人知的辛酸悲涼；更重要的是，它也同時豐富了關漢卿的劇場經驗，提昇了他創作的藝術技巧。無怪乎王國維雖再三提及元雜劇「關目之拙劣，所不問也」、「關目之拙，固不待言」，卻仍極力稱許〈救風塵〉，以爲「其布置結構，亦極意匠慘淡之致，寧較後世之傳奇有優無劣也。」（註六）青木正兒在他的《元人雜劇序說》中，也推之爲「結構緻密，手法最爲靈動的作品。」（註七）至於朱湘，則甚至認爲我國戲曲倘有能立於世界名著之林的，「則它便是關漢卿的〈救風塵〉」。（註八）

我們當然都知道，戲劇最重要的因素爲情節，而情節的安排布置便形成了一部戲的結構間架。如果再進一步分析，則我們也可以如是說，劇作家塑造了人物，而人物性格帶動了情節，決定情節中的插曲與意外事件，決定情節是該曲折或應簡化。不過，必須指出的是，所謂情節安排，劇作家無論如何要考慮其「可能性」，也就是在主觀的情感、觀念、巧思之外，還要植基於深刻的人情人性與生活客觀體察之上。所以，戲劇結構事實上是一個牽連極廣的複雜課題，絕非三言兩語便能道盡。而從以上幾家對〈救風塵〉一劇布置結構的一致推崇，顯然關漢卿於此必有他深刻體會及匠心獨運之處，值得我們去分析研究。

但要如何進行一個戲劇結構的分析呢？C.R.Reaske在《戲劇的分析》一書中，提供了如是的途徑：

「所謂戲劇結構，乃指劇作的整個組織而言，分析結構實際即有效地將劇作整個設計的綱目，完整地加以歸結出來。基本上，結構分析包含二個步驟：一、歸結出劇作的結構系統與方式；二、解釋劇作家之所以如此組合的理由。分析完畢，再依據其所達成的預期效果如何去評論結構的好壞。」（註九）

以下我們便大致依照這樣的途徑，嘗試著去解析關漢卿〈救風塵〉一劇的結構，期能對它的內裏有更廣、更深一層的認識。

貳　〈救風塵〉一劇結構的對比運用

《老子》一書曾以「有無相生，難易相成，長短相形，高下相傾，音聲相和，前後相隨」來說明天下間萬事萬物的相對原理。（註一〇）不錯，只有有，沒有無，就不知有的可貴；只有易，沒有難，就不知什麼叫做易；只有長，沒有短，同樣也不知長是怎樣的意思。其他善惡、美醜、是非、黑白，……莫不皆由比較而來。

文學上爲了強化效果，也往往將兩種不相同、特別是迥然有別的人物、事實、意象、情境等等對列起來，使兩相比較，互爲映襯，從而突出主題、加深印象。譬如說杜甫〈自京赴奉先詠懷五百字〉中有名的兩句：「朱門酒肉臭，路有凍死骨」，豪門，貧戶；酒池肉林、笙歌酣醉，輾轉流離、野有餓殍；就是這麼明顯的對照，整個社會的黑暗不公，便極端強烈的震撼了我們的心靈。而《紅樓夢》

裏膾炙人口的劉姥姥進大觀園，在輕鬆逗趣的表象之下，其實也寄託了作者深沈的對照用心。試想，透過劉姥姥的村俗、純真、諧趣、一無機心，官宦人家的門面、矯飾、腐朽、爾虞我詐，不更活靈活現的傳達出來了嗎？

詩文、小說如此，戲劇又何獨不然？須知道戲劇以情節為主，且為直接演出的方式，如何當下吸引觀眾，為他們所接受、喜愛，自然成了戲劇最基本的考量。也因此，在動作不避其強烈、衝突不避其尖銳、對立不避其壁壘分明的戲劇設計之下，對比手法運用的普遍，便不難想見了。傳奇作品由於齣數變化長短自由，所以除了角色的對比外，慣常「戲分兩頭」的結撰方式，也使得整齣戲在空間、情節等方面，都形成了明顯的對比。《琵琶記》中以趙五娘、蔡伯喈，陳留、長安，貧與富、悲與喜這樣的兩條主線索，交錯穿插而成一部感人肺腑的戲劇，可說就是一個最典型的例子。雜劇則因四折體制與一人主唱的限制，比較不容易做到結構上的全面映襯，而大多為對比技巧的個別運用。唯其如此，像〈救風塵〉一劇能運用對比技巧強化人物和情節到高度簡練的程度，同時並與劇本的結構設計有機的結合成整體性布局的，便格外難能而為歷來曲家學者所一致推崇了。

一、幾組重要的人物對比

我們當然相信戲劇中對於對比的探討，必須置於發展的、整體的觀點中來把握，因為「嚴格地說，情境的對比與人物的對比是無法分割的」。（註一一）不過，劇本結構固然全賴情節安排，戲劇演出則以突出人物爲主要，而「情節自來就依賴人物的對比」（註一二），所以探本溯源來說，人物的掌握仍是解析劇本的先決條件。底下我們將秉持著儘量避免割裂、片段的原則，去看待〈救風塵〉劇中幾組重要的人物對比：

(一)趙盼兒與宋引章

〈救風塵〉劇中，趙盼兒與宋引章是「八拜交」的妓院姊妹，但在性格、閱歷與見識上，卻有著截然的差異。第一折中相互間的一段對話，最能見出這樣的差異：

〔村里迓鼓〕……那做丈夫的做的子弟，做子弟的做不的丈夫。〔外旦〕你說我聽咱。〔旦〕〔元和令〕做丈夫的做子弟，他終不解其意。做子弟的，他影兒里會虛脾。那做丈夫的忒老實。〔外旦〕那周舍穿著一架子衣服，可也堪愛也。〔旦〕那廝雖穿著幾件虼蜋皮，人倫事曉的甚的。妹子，你爲甚麼就要嫁他？〔外旦〕則爲他知重您妹子，因此要嫁他。〔旦〕他怎麼知重你？〔外旦〕一年四季，夏天，我好的一覺晌睡，他替你妹子打著扇。冬天，替你妹子溫的鋪蓋兒暖了，著你妹子歇息。但你妹子那里人情去，你妹子穿那一套衣服、戴那一付頭面，替你妹子提領系、整釵環。只爲他這等知重你妹子，因此上我要嫁他。〔旦〕你原來爲這般嫁他。

〔上馬嬌〕我聽的說就里，你原來爲這的，引的我忍不住笑微微。……

〔游四門〕……衠一味是虛脾，女娘們不省越著迷。

〔勝葫蘆〕休想這子弟道求食，娶到他家里，多無半載相抛棄。又不敢把他禁害著拳椎腳踢，打的你哭啼啼。（註一三）

從這一段略帶喜劇誇張手法的文字中，宋引章的幼稚、天眞，趙盼兒的老練、智慧，便讓我們留下了深刻的印象。而對照著宋引章「嫁了一個張郎家婦、李郎家妻，立個婦名，我做鬼也風流」的執意不聽勸誡，趙盼兒「待嫁一個老實的，又怕盡世兒難相配。待嫁一個聰俊的，又怕半路里相抛棄」的體會、顧慮，也一樣要深刻周密多了。此外，當趙盼兒苦勸不果，遂轉而以「久以後你受苦呵，休來告我」的重話相激時，宋引章幾乎是毫不考慮的便回答道：「我便有那該死的罪，我也不來央告你」。但諷刺的是，到了第二折，才挨了五十殺威棒，宋引章卻「急急央趙家姐姐來救我」了。不錯，劇中宋引章的無知任性而又束手無策，事實上是更加突顯了趙盼兒的老練理智、胸有成竹。

㈡周舍與安秀實

〈救風塵〉劇中，妓女宋引章原先欲嫁安秀實，後來因周舍的殷勤手段而移情別戀，所以就宋引章的從良婚配而言，周舍、安秀實自然是勢不兩立的一組對比。我們且先看看周舍上場的自我介紹：

〔沖末周舍上〕酒肉場中三十載，花星整照二十年，一生不識柴米價，只少花錢共酒錢。自家鄭州人氏，周同知的孩兒周舍是也，自小上花臺做子弟。………我今做買賣回來………。（第一折）

而對照於周舍，安秀實則是：

〔安秀實上〕屈子投江千古恨，顏回樂道一生貧。小生姓安名秀實，洛陽人氏，平生以花酒爲

念。（同折）

在這一場歡場愛情的競逐中，很明顯的，一方是一個出身官宦人家，而又多財善賈的風月老手，另一方則是個一事無成的潦倒書生。兩人的身分背景，事實上是有很大差異的。而即使同樣耽溺花酒，風月手段、本事，也是無法相提並論的。從前一組趙、宋對比所引的文字中，周舍「玲瓏剔透」的功夫，已可想見得知了。第二折裏，周舍自謂：「我爲娶這婦人呵，磨了半截舌頭」，更充分說明了這類風流子弟的油腔滑調、口頭情義。但長年的風塵厮混，卻讓他們練就了一套獻殷勤、討歡心的看家本領。試想，能讓「拆白道字、頂眞續麻，無般不曉、無般不會」、而又原已婚配安秀實的宋引章「一心則待要嫁他」，又豈是偶然的？至於安秀實，則自始至終，形象一直是模糊而單薄的。當宋引章變心時，他想到的就只是求助於趙盼兒而已。趙苦勸無效之後，他並沒有鍥而不捨的努力下去，而只是心灰意冷的表示：「這等呵，我上朝求官應舉去。」即使是趙盼兒吩咐道：「你且休去，我有用你處哩。」他也仍是毫無主見的「依著姨姨說」。（註一四）

或許在〈救風塵〉劇中，安秀實只是一個無關緊要的陪襯人物，所以不可能有太多的筆墨描繪。不過，做爲一個陪襯人物，模糊、單薄，其實也算是一種個性的塑造了。因爲沒有了模糊、單薄的映襯，又如何見出周舍這等人物的老練狡猾呢？

㈢趙盼兒與周舍

如果說，整個〈救風塵〉劇本的重心乃在於「救」的過程，那麼，趙盼兒與周舍這一正一反人物的對比，便該是高潮戲的間架所在了。而經過前兩組的對比，分別突出了趙盼兒的練達與周舍的狡詐，接著來的這一組對比，自然一開始就凝聚了「鹿死誰手」的緊張氣氛。

不過嚴格說來，在〈救風塵〉劇第一折中，趙盼兒與周舍便已經有了一次非正式的交鋒。而由於正當宋引章的執迷不悟，所以儘管趙盼兒「著他吃我幾嘴好的」，逞了些口舌之快，但眼看著周舍「成了事了」，她不免還是落了下風的。

而後當宋引章後悔求救，兩人便勢必要再碰頭周旋了。在正式交手之前，關漢卿先分頭爲雙方營造聲勢，也爲「救」的主戲醞釀氣氛。在趙盼兒這一方，她先寫一封信吩咐機宜，教引章「把天機休泄漏」，而後盛妝打扮，卻又揚言「鼻凹上抹上一塊砂糖，著那廝舔又舔不著、吃又吃不著」（註一五），便帶著小閒，自信滿滿的往鄭州去了。至於周舍這一方，第三折一開始便透露了他開客店的緣由：「店小二，你開著客店，我那里希罕你那房錢養家。有那等好科子來你這客店里，你便來叫我。」一方預備施展美人計，一方則佈下獵豔的陷阱，好戲尚未開鑼，卻已令人摒息以待了。

接著當周舍見了趙盼兒，驚豔之餘，急忙編了一套有過一面之緣的搭訕說辭，而這也印證了他處處留情的風流本質。及至認出是趙盼兒之後，新仇舊恨齊上心頭，可趙盼兒卻不慌不忙的細訴當年對周的暗戀，所以阻撓親事全因「嫉妒」而起。而後她又順勢佯嗔道：「我好意將著車輛鞍馬奩房來斷送你，劃地將我打罵，小閒，攔回車兒，咱家去來。」一席話哄的周舍服服貼貼。加上宋引章依計在此時上場吵鬧，自然更影響了周舍的心意。於是趙盼兒裝模作樣的再次嬌嗔：「周舍，你好道兒，你這里坐著，點的你媳婦來罵我這一場。小閒，攔回車兒，喒回去來。」兩度的「欲擒故縱」，趙盼兒已然解除了周舍的猜疑顧慮，在這回合的交手中取得優勢了。

就利用著這樣的情勢，趙盼兒打鐵趁熱的提出了要求：「你捨得宋引章，我一發嫁你。」而在關漢卿合情合理的安排下，狡詐的周舍當然不會輕易上當。他要趙盼兒立下誓言，以免「尖擔兩頭脫」，到時賠了夫人又折兵。爲了取信於周舍，趙盼兒果然賭咒發誓，並以自備的十瓶酒、一頭熟羊、一對大紅羅與之訂親。娼妓立誓，原不能當眞，而自備聘禮，則是脫身的預謀。所以在不至於一面倒的鬥智過程中，趙盼兒的穩操勝券，自然也就有著比較能爲人接納的說服力。

第四折中，待周舍與高㚬烈休了宋引章，卻驚覺中計後，連忙趕上。而即使已經明顯居於劣勢，他仍能急中生智的編出「休書上手模印五個指頭，那裏四個指頭是休書」，並奸計得逞的騙回休書咬碎。同時，他又以趙盼兒立了誓、收了聘爲由，要將趙宋二人一塊霸佔。但是在趙盼兒一一化解之後，周舍惱羞成怒的告入官府。而這最後的一搏，也被趙盼兒拿出休書正本細說原委，作了致命反擊。就這樣，宋引章重回安秀實的懷抱，而一齣妓女從良的戲劇，也終於歡喜收場。

這組對比透過趙盼兒、周舍的棋逢敵手、針鋒相對，凝聚了緊張、懸疑的氣氛，也製造了本劇最重要的衝突，使得第三折的高潮戲一直延續到第四折，仍然波濤起伏，迴盪不已。

二、情節與空間的對比

以上我們從整體性情節進展的角度，剖析了三組人物的對比，希望能充分掌握〈救風塵〉一劇結構網路的經線佈置。底下我們將再自情節與空間的對比著手，嘗試釐清此一網路的緯線穿插：

(一)情節的對比

不錯，就全面性而言，人物的對比固然會結穴於主題的顯現與情節的推動；同樣的，情節的對比對劇中人物的性格刻畫，也有著強化的作用。〈救風塵〉一劇，除了這幾組人物對比，事實上，劇中一些事件、情節，也往往自成前後的差異對比。譬如說，全劇的基礎乃是建構在宋引章堅持與周舍的婚姻，但趙盼兒卻極力反對、甚至不惜騙婚相救的情節安排之上。而就在宋引章、周舍、趙盼兒三人婚姻事件的糾葛中，情節的設計便有著一些判然相異的對比出現了。以宋引章、周舍兩人來說，第一折中，「一個待要娶，一個待要嫁」，中間雖有老鴇、安秀實、趙盼兒的百般反對、勸誡，但都無改於他們的心志，這樣的情感、這樣的婚誓，可說堅逾金石、令人稱羡的了。結果才一轉眼的工夫，到了第二折，情形便整個改觀了。周舍既不再憐香惜玉，揚言「我手裏有打殺的，無有買休賣休的」；宋引章也在挨了五十殺威棒之後，終於體會到「不信好人言，必有恓惶事」，而迫不及待的捎書求救。

同樣的，在趙盼兒與宋引章之間，「求救」也是一前後映照的對比。第一折中，趙盼兒在苦勸無效之下，只好以此相警：「久以後你受苦呵，休來告我。」而正迷戀不已的宋引章則毫不考慮的一口回道：「我便有那該死的罪，我也不來央告你」然則諷刺有趣的是，當事情急轉直降，有了戲劇性的改變之後，言猶在耳，兩個人卻似乎都忘掉原先那賭氣的咒誓。第二折裏，宋引章後悔於「當初趙家姐姐勸我不信」，主動捎書求救；趙盼兒也冠冕堂皇的祭出了這樣的說辭：「你做的今見死不救，羞見這桃園中殺白馬、宰烏牛。」而後便好放下身段，立刻伸出援手了。

此外，〈救風塵〉既是齣描繪歡場情愛的戲，則風月手段自是其中不可或缺的要素了。坦白說，身爲娼妓的宋引章，不解風月場中虛假的本質，一心一意嫁與周舍，最後卻落得打罵度日的下場；而趙盼兒早已洞燭這一切，且感慨於「這一門衣飯幾時了也呵」（註一六），卻仍不得不使出渾身解數，以娼門手段去搭救落難的姊妹淘。仔細玩味，這中間的種種，可說便已夠對照、諷刺的了。

至於棋逢敵手的周舍、趙盼兒，風月手段的對比運用，便更有意思了。首先，在第一折中，宋引章提及：「那周舍穿著一架子衣服，可也堪愛也」，以外貌取人，自是膚淺；但人要衣裝，卻恐怕正是周舍得意歡場的有利條件呢！對照於此，第三折中的這一段文字便饒具趣味了：

〔旦上〕小閒，我這等打扮，可衝動那廝麼？〔小閒倒科，旦〕你做什麼哩？〔小閒〕休道衝動那廝，這一會兒連小閒也酥倒了。

我們可以想見，周舍自己憑著衣飾外貌賺人感情，卻也註定將栽在同樣的狀況之下。如此的情節安排，不也是極映襯成趣的嗎？

除了衣飾外貌，歡場中另一致勝的武器，恐怕就是虛假欺瞞的手段了。第一折中有如下的一段：

〔旦〕你原來爲這般嫁他。

〔上馬嬌〕……你道是暑月間扇子搧著你睡，冬月間著炭火煨，烘炙著綿衣。

〔游四門〕喫飯處把匙頭挑了筋共皮。出門去，提領系，整衣袂，戴插頭面整梳篦。衠一味是虛脾，女娘每不省越著迷。

周舍就憑著這種虛情假意的手法欺騙了宋引章，不過宋引章終究年輕不經事，可笑的是，「酒肉場中三十載，花星整照二十年」的周舍，自己既老於此道，卻也同樣被趙盼兒玩弄於股掌之間。第三折中，趙盼兒左一句「爲你斷夢勞魂」、右一句「自見了你呵，我不茶不飯」，便迷得周舍飄飄然的鬆懈了警戒心。而後在自備聘禮時，趙盼兒又撒嬌道：「周舍，爭甚麼？那你的便是我的，我的就是你的。」如此的不分你我，當然更讓周舍爲之動容了。接著趙盼兒充分利用了周舍貪財好色的本性，進一步說道：

〔尾聲〕你窮殺呵，甘心守分捱貧困。你富呵，休笑我飽煖思淫惹人議論。您心中覷個意順，休了你門內人，教的錢財不使半文。領將來人，倒賠了幾錠銀。家業家私，待你六親；肥馬輕裘，待你一身。倒陪了家緣，和你爲眷姻。

雖說是「假意兒瞞，虛科兒噴」，卻也合情合理。想想既已賭誓在先、又納聘於後，則這樁送上門的婚姻，還有什麼好擔心的呢？更何況人財兩得，周舍自是何樂而不爲了。而就這樣「魔高一尺，道高一丈」，爾虞我詐，在〈救風塵〉劇中形成了另一波事件上的對比。

另外，我們也可以看看第三折中賭誓的一段描寫：

〔向日云〕妳妳，您孩兒肚腸是驢馬的見識。我今家去把媳婦休了呵，妳妳，你把肉吊窗兒放下來可不嫁我，做的個尖擔兩頭脫。妳妳，你說下個誓。〔旦〕周舍，你眞個教我賭咒，你若休了媳婦，我不嫁你呵，我著堂子裏馬踏殺、燈草打折膁兒骨，你逼的我賭這般重咒也。

到了第四折，當事機不妙，關漢卿又如何縮結這一段賭誓的情節呢？我們且再看底下的文字：

〔周〕你說了誓嫁我來。〔旦〕

〔慶東原〕俺須是賣空虛，憑著那說來了言咒誓爲活路。怕你不信呵，走徧花街請妓女，道死了全家誓，說道無重數，論報應全無。若依著咒盟言，死的來滅門戶。

歡場中，虛情假意、比天指地，本是稀鬆平常的事，誰也當不得眞。第二折裏當老鴇天眞的以「大姐，周舍說誓來」，表示了宋引章婚嫁的保障時，趙盼兒便老實不客氣的一語道破：「普天下愛女娘的子弟口，那一個不掙厮各般說咒，恰似秋風過耳休。」所以，〈救風塵〉劇中，賭誓情節的對比安排，事實上是極爲錯綜而諷刺的。趙盼兒前後翻轉，自然成一對比；而她爲搭救姊妹洵不得不賭的咒誓，與一般的子弟、娼妓，卻也有著本質上截然的差異。至於周舍，本最該清楚歡場中咒誓的「恰以秋風過耳休」，但在劇中，他既發假誓在先，又逼趙盼兒立誓在後，甚至最後在情急時，他還天眞的說出「你說了誓嫁我來」。這樣的「關己則亂」，則非但諷刺，簡直是可笑了。

從以上所舉犖犖大者，我們便不難看出〈救風塵〉劇中情節對比的安排了。

(二)空間的對比

〈救風塵〉一劇在空間上安排了汴梁和鄭州兩個地方，而這對戲劇的對比結構，也有著相當的作用與意義。

基本上，汴梁是這齣戲開端和收場的地方，而鄭州卻是正反雙方鬥智廝殺的所在。隨著由汴梁往鄭州的空間移動，情節漸趨緊張，高潮於焉形成。最後一切塵埃落定，反轉過來由鄭州回汴梁的空間移動，則歸於緩慢、安定。而就在這樣一來一回的空間轉移裏，劇中幾個主要角色的際遇、命運，都有了明顯的差異和改變。

先說周舍，他是鄭州人，父親是周同知，自己又經商買賣。那麼在鄭州，周舍該是有錢有勢、無往不利的紈袴子弟了。然而劇本中，在客居的汴梁城，他克服了老鴇的一再阻礙、勝了情敵秀才安秀實、無視於老風塵趙盼兒的百般反對，如願娶到宋引章凱旋以歸。而等回到他的老巢——鄭州，套用第二折中他自己的的一句對白，那可真是「騎馬一世，驢背上失了一腳」了。原本「為娶這婦人呵，磨了半截舌頭」，費了那麼大的勁娶回來，到了老家，卻進退失據。既不甘願「買休賣休」，又「怕那一般的舍人說周舍娶了宋引章，怕人笑話」。空間不同，處境、心情也就全然兩樣了。而更慘的是，由趙盼兒主導、宋引章搭配演出的一齣戲，讓他擔心的「尖擔兩頭脫」居然成為事實。甚至到了最後一折，還落得「杖六十，與民一體當差」的下場。

還有宋引章，在汴梁，她既有母親的全心呵護，又同時擁有周舍、安秀實等人的愛慕追求，也如願的嫁給了人人稱羨的富商周舍。可是當時空一轉，到了鄭州，境遇便大大不同了。首先，不可否認的，「拆白道字、頂真續麻，無般不曉、無般不會」，是她在汴梁妓院得天獨厚的條件；而連個被子都套不好的生活能力，便自然要讓她在鄭州周家吃不開了。所以才進門，便被先前殷勤侍候的周舍「打了五十殺威棒」，相對於先前的風光得意，這可算是落魄困窘的了。原本「一心待要嫁他」的堅決，轉為「跟了他去就是死」的畏懼；原本「便有那該死的罪，我也不來央告你」的大話，也化為「不信好人言，必有悽惶事」的感嘆。汴梁、鄭州對宋引章而言，真有著天淵之別。

至於趙盼兒，在汴梁，她只是個歷盡滄桑、卻又無以跳脫苦海的妓女。第一折中，她受安秀實之託苦勸宋引章，遭到不領情的斷然拒絕。而後周舍找她保親，她雖然也想扳回一城，「著他吃我幾嘴好的」，無奈木已成舟，周舍毫不在乎的回應：「我已成了事了，不索央你」。這個階段，趙盼兒的形象基本上是暗澹而施展不開的。但是在鄭州，她卻是以美豔光鮮又充滿信心的姿態登場。她老練慧黠的運用計謀策略，讓周舍一步一步落入自己的圈套中，順利取得一紙休書，成就了安秀實與宋引章的婚姻。這樣的重情重義、捨身相救，不只是終於成人之美，即連自己，在一來一回之間，也有了意想不到的改變。原本在汴梁，她感慨娼妓生涯的難以擺脫。而在鄭州，她卻被迫使出渾身解數，用娼門手段去搭救姊妹淘。不過在第四折公堂理斷時，鄭州守判她「寧家住坐」，這也意謂著再回汴梁時，她終於可以堂而皇之的從良做人了。

不錯，正是人物、情節、空間的對比運用，縱橫交錯有機的組成了〈救風塵〉一劇的結構，從而豐富了它的戲劇性與趣味性。

叁 〈救風塵〉一劇對比結構意義的探討

從以上的分析看來，我們可以發現，在〈救風塵〉劇中，對比結構的運用確實突顯了人物、強化了情節，也反映了相當程度的社會內容。而如果更進一步探討，則又不僅止於此了。姚一葦在《藝術的奥秘》一書第七章〈論對比〉中，分析了一些西方著名的小說、戲劇的例子，而後指出：

「上面所述這一建立在動作之上的對比，非僅顯露出那一對比的情境，同時也顯露了人物。……而更重要的是顯露出作者的意念，作者自覺地或不自覺地流露出來的思想與主旨；作者對於他所處的世界、或他所依存的人生所提示的見解，作者自己的人生觀照，作者自己的哲學。……因此自對比所流露的意義是十分複雜而深邃的，這才是對比的最終的目的，……」（註一七）

所以依據前面的種種分析、論證，個人認爲〈救風塵〉一劇對比結構的意義，可分幾方面來探討：

一、設計層層對比，以突出主題

李漁在《閒情偶寄》一書曾謂：「古人作文一篇，定有一篇之主腦。主腦非他，即作者立言之本意也。傳奇亦然，……」。（註一八）不錯，任何一齣戲劇的創作，都自有作者所欲突顯的主題。如果沒有了主題，那作者又將依據什麼來設計情節、安排結構呢？所以，說穿了，情節、結構設計安排的基本目的，乃是爲了戲劇主題的明顯呈現。而關漢卿的〈救風塵〉一劇，無論從糾葛在趙盼兒、宋引章、周舍、安秀實的人物對比，或自整個「救」的過程中情節安排的諸般對比，乃至由汴梁、鄭州兩處移轉的空間對比，在在都可以看出，它們所要呈現的主題乃是妓女婚姻問題的深入挖掘。說得更明確一些，這個劇本，事實上是環繞在「從良」的主題上，借兩個妓女的現身說法，來刻畫妓女生涯的苦楚和深沈悲哀。

不錯，〈救風塵〉劇裏，宋引章由於對人情世故的無知和婚姻的天眞期盼，在從良的過程中飽受折磨。而相對於宋引章的天眞無知，趙盼兒的機警智慧，便充分展現在她伸出援手、義救姊妹淘的行爲上。而她的老練成熟，更具體的流露在她對妓女從良的體認裏。我們且看第二折的這段文字：

〔旦上〕自家趙盼兒是也，這門衣飯幾時是了也呵。……

〔商調集賢賓〕咱收心待嫁人，早引起那話頭。聽的道誰揭債、誰買休。他每待強巴劫深宅大院，便待折摧了舞榭歌樓。一個個眼張狂似漏了網的游魚，一個個嘴盧都似跌了彈的斑鳩。御園中可不道是栽路柳，好人家怎容這等娼優。他便初時間有些志誠，臨老也沒來由。

就這樣透過趙盼兒與宋引章對妓女從良不同識見的對比，關漢卿深刻寫出了妓女的無奈與辛酸。或許從良是妓女人生中唯一的指望，而從良的路如果是這般的坎坷難行，那麼，她們的未來又在那裏呢？在劇中，當不諳世事的宋引章也吃了從良的虧，又是如何收場的呢？第三折中如此寫道：

〔滾繡毬〕……幾番家待要不問，第一來，我則是可憐見無主娘親。第二來，是我慣曾爲旅偏憐客。第三來，也是我自己貪杯惜醉人。到那裏呵，也索費些精神。……

是宋引章、趙盼兒的關連對比，更是周舍、趙盼兒機巧對決的必要，引導劇情朝著此一方向前進。在這裏，沒有俠客的路見不平、仗義相助；也沒有書生的科舉得第、深情扶持，有的只是妓女間物傷同類的相濡以沫。不錯，這樣的情節並不美，但它很眞、也很動人。方光珞〈試談救風塵的結構〉一文即以爲：

「不過，關漢卿的〈救風塵〉的結構卻具有特殊風格，那就是由於他技巧的安排情節，他大量地使用對比手法，把有衝突性的戲劇特點刻劃得格外分明。尤其是他巧妙地安排初出茅廬的娼妓因愛慕虛榮而吃虧，也安排了經驗老到的娼妓出奇制勝，形成對比，而又以這種妓女自救的形式，構成一齣完整的戲劇。……在唐人小說，像〈霍小玉〉等作品中，爲妓女打抱不平的都是豪俠；到了關漢卿的筆下，妓女竟需要以妓女的本行伎倆來自救。就憑這一點，〈救風塵〉這部雜劇就夠值得人們注意了。」（註一九）

妓女婚姻問題的挖掘、尤其是「妓女自救」課題的揭舉，確實是關漢卿在〈救風塵〉劇中所亟欲表達的主題。而這樣的主題也誠然是在對比結構的運用下，更加彰顯、更加明白的。

二、製造抑揚效果，以刻畫人物

所謂「欲抑者先揚，欲揚者先抑」，本是文學效果強化的一種常見手段。譬如賈誼〈過秦論〉（

上）裏「然秦以區區之地、千乘之權，招八州而朝同列，百有餘年矣。然後以六合爲家，殽函爲宮」的一段文字，層層推進，都只爲其後「一夫作難而七廟墮，身死人手，爲天下笑」的急轉直降作反襯蓄勢。同樣的，白居易〈秦中吟十首〉最後一篇的〈買花〉，寫長安貴族爭買牡丹花的盛況，開頭寫得花團錦簇，末兩句卻冷冷點出「一叢深色花，十戶中人賦」，則貴族的揮金如土寫得愈鋪張，當時民不聊生的景況便愈讓人感慨不已。像這樣耳熟能詳的例證，在文學作品中可說不勝枚舉。而〈救風塵〉劇中，幾組人物對比的運用，事實上與此有著異曲同工之妙。我們且先表列幾組人物對比的情況：

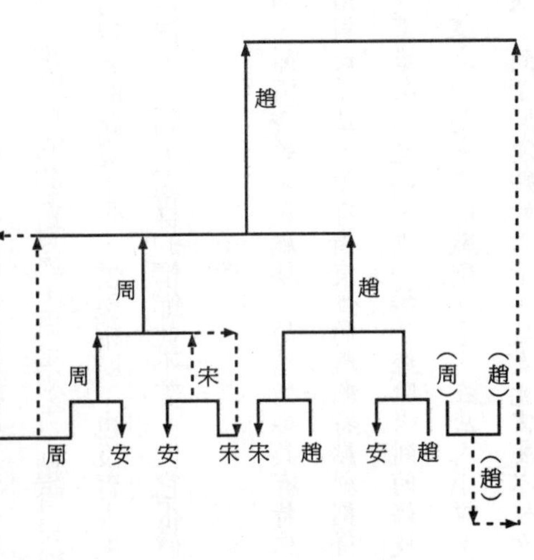

從以上的表列，我們可以很清楚的看到，透過這樣的幾組人物對比，確實產生了相當程度的抑揚效果。就幾個關係人而言，其中安秀實是最底線的人物。在所有的對比中，他一一被比下，成爲一個形象極單薄模糊的純然襯托者。至於宋引章，只有在和安秀實的對比中，因著外在的容貌而略佔上風；其他和周舍、趙盼兒的對比，她虛榮、幼稚的內裏，便註定了失敗者的命運。對比表上小小的起落幅度，正充分說明她在劇中無足輕重的地位。眞正有著較大變化而造成強烈抑揚效果的，該是趙盼兒和周舍兩人了。

〈救風塵〉第一折中，宋引章準備嫁給浪蕩成性的周舍。在如此事關終生的抉擇裏，我們看到了趙盼兒的苦口婆心竟然敵不過周舍的虛情假意。而接著下來諷刺的「保親」一小節，趙盼兒雖然想迎面痛擊的「著他吃我幾嘴好的」，但木既成舟，周舍也懶得回應，一切便又落得相當無趣了。在表列裏，這樣的挫折無疑的使趙盼兒的聲勢是以下降開場。而後面對宋引章的幼稚天眞、安秀實的束手無策，趙盼兒機智老練、勇敢熱情的形象逐步的水漲船高。最後在「救」的高潮戲裏，趙盼兒始終掌握主動、制敵機先，不只報了前面的一箭之仇，也協助宋引章達成了眞正從良的願望。寫到這裏，我們便不難發現，第一折對趙盼兒的「先抑」，乃是著眼於其後「欲揚」的必要蓄勢；而整個〈救風塵〉劇中趙盼兒形象的完美，即建立於這樣的設計之上。無怪乎黃文暘《曲海總目提要》會如是以爲：

「小說家所載諸女子，有能識別英雄於未遇者，如紅拂之於李衛公、梁夫人之於韓蘄王也。有能成人之美者，如歐陽彬之歌人、董國度之妾也。有爲豪俠而誅薄情者，女商荊十三娘也。劇

中所稱趙盼兒，似乎兼擅眾長。」（註二〇）

另外，關漢卿對周舍這個角色的刻畫，則更加有趣了。「酒肉場中三十載，花星整照二十年」，作為一個浪蕩成性的反面人物，如此略帶誇張的上場詩，事實上是讓周舍以一種鼓脹的形象出場的。而後宋引章被他擄獲，安秀實被他封殺；即連老練的趙盼兒，一開始也不是他的對手。接二連三的勝利，將他世故、狡詐、老謀深算的形象，迅即推到最高點。但等到落敗的安秀實、宋引章，甚至劇中有著先見之明的老鴇，都不約而同的求助於趙盼兒時，彷彿整合了所有的對抗力量，趙盼兒重又武裝了起來。於是在趙盼兒「以其人之道還治其人之身」的不留情反擊下，周舍一下子便從高處落了下來。而如果前面不「先揚」來蓄勢，則掉落的幅度不大，觀眾恐怕無法大快人心了。當然，在討論「抑揚」效果引發觀眾心理的同時，我們也不能忽略劇中一些預示、伏筆運用的意義。底下且先引用李漢秋〈救風塵結構縱橫談〉一文探討「預示伏筆和對比」的一段說明：

「劇作家應當把觀眾當作『同謀者』，對劇中人可以保守秘密，對觀眾卻必須逐步分享秘密。關鍵性的劇情變化應當有所預示，設置必要的指路標，使觀眾的期待有明確的方向，……有了預示和準備，人們好像守候預定時刻的日出，凝神翹望，心甘情願地與作者親密合作，持續地集中注意力進行藝術欣賞。」（註二一）

以此揆諸〈救風塵〉一劇，可說頗相印合。第二折中，趙盼兒先是「則除是這般」、繼而又說：「不是我說大口，怎出我烟月手」，都讓觀眾對她的成竹在胸，建立了相當的信心。尤其是最後的一段：

〔旦〕……我到那裏三言兩句，肯寫休書，萬事俱休。若是不肯寫休書，我將他掐一掐、拈一拈、摟一摟、抱一抱，著那廝通身酥、遍體麻，鼻凹上抹上一塊砂糖，著那廝舔又舔不著、吃又吃不著，賺得那廝寫了休書。……

在逗笑的言詞裏，已經預示了賺取休書的手段。所以當趙盼兒盛裝赴鄭州、客舍色誘、假意賭誓、預備聘禮……，一步步遂行她的計劃時，一切都似乎勝券在握了。而蒙在鼓裏的周舍，卻仍在大打他的如意算盤呢！對等著看熱鬧的觀衆而言，趙盼兒猶如法力無邊的釋迦佛祖，周舍卻正像那不知輕重的孫猴子，虛張的聲勢和實際的能耐呈現了懸殊的對比。乍看之下，似也神通廣大，但變來變去，總翻不出那小小的手掌心。於是周舍原本鼓脹的形象，一下子萎頓成一「丑角」而已了。而作爲劇作家合作者、密謀者的觀衆，自然在如此大幅度的抑揚中，獲得了空前的快感。

三、強化人物個性，以集中描寫

〈救風塵〉一劇的對比結構，可說大部分集中在趙盼兒、宋引章、周舍之間有關妓女從良的糾葛中。而若再加細究，則整個劇本的矛盾衝突，主要又在於趙與周兩人身上，這從上一小節人物對比的表列已然看出。然則這樣的指向於整體戲劇，究竟有何意義呢？我想，透過高度技巧的對比運用所突出的主體人物與矛盾衝突，對戲劇情節的集中表現，必然是有其貢獻的。底下試將〈救風塵〉一劇四折的套曲、場次和人物情節大要作一表列，俾便分析說明：

第一折

汴梁

● 客舍（？）　周舍上場，準備提親
● 宋引章住處　周舍求親事成
● 趙盼兒住處　安秀實求助

〔仙呂〕點絳唇　趙盼兒細數妓女從良艱困
混江龍
油葫蘆
天下樂
那吒令
鵲踏枝
寄生草

● 宋引章住處　趙盼兒保安秀實
村里迓鼓　趙盼兒苦勸宋引章
元和令　宋引章執迷不悟
上馬嬌
游四門
勝葫蘆
么篇　趙盼兒預先警告
賺煞　周舍宋引章同返鄭州

第二折

鄭州

● 回鄭州路上　周舍反悔變心
● 周舍家中　宋引章後悔，捎書求救

汴梁

● 宋引章住處　老鴇接書，求救於趙盼兒
● 趙盼兒住處

〔商調〕集賢賓　趙盼兒感嘆妓女從良辛酸
逍遙樂
金菊香
醋葫蘆
醋葫蘆　趙盼兒決意搭救

趙盼兒思量辦法

折	場景	曲牌	情節
		醋葫蘆、後庭花、雙雁兒、浪裏來煞	趙盼兒成竹在胸
第三折	鄭州客店〔正宮〕	端正好	周舍開店獵豔
		滾繡毬、倘秀才	趙盼兒傾吐施救心情
		滾繡毬、滾繡毬、倘秀才	趙盼兒施展手段 宋引章配合鬧場
		脫布衫、小梁州、么篇、煞尾、尾聲	趙盼兒賭誓，預備聘禮
第四折	周舍家		周舍休妻
	客店		周舍上當追趕
	回汴梁路上〔雙調〕	新水令、喬牌兒、慶東原、落梅風	周舍計奪休書 周舍、趙盼兒鬥智爭勝
	官府	雁兒落、得勝令、收尾	官府斷案團圓收場

從以上的表列試作分析，則第一、二折都各有四個場景，人物、情節變換交待極爲迅速，是典型的劇情準備階段。在這兩折中，透過與其他角色的對比，充分突出了周舍、趙盼兒的形象，爲往後兩人的對決，營構了「鹿死誰手」的緊張懸疑氣氛。而後到了第三折，前折急轉直降的婚姻變化，至此轉入「救」風塵的主要矛盾衝突。周舍、趙盼兒的鬥智爭勝，在這折中有相當曲折巧妙而又合情合理的描繪。尤其值得注意的是，關漢卿將如此豐富變化的一折戲全部安排在客店這單一的場景中，使得劇情因著高度的集中而能筆酣墨飽的深入刻畫。而這樣緊湊的劇情還一直延續到第四折的前半，連續

轉換的幾個場景，正代表周舍、趙盼兒彼此鬥法追趕的緊張刺激。雖說末了仍不能免俗的以官府斷案作團圓收場，但〈救風塵〉劇高潮戲的緊繃、持續，在元雜劇中確乎是無與倫比的了。

劉靖之《關漢卿三國故事雜劇研究》一書指出集中的原則、對照的手法、加插小故事、出色的小故事、民間色彩等五項，是關漢卿雜劇作品結構的特點。（註二二）其實就〈救風塵〉一劇而言，由對比突出角色個性，再由角色個性展開情節安排，然則它情節之能緊湊、集中，正由於對比的結構使然。

四、融入自我，以寄託嘲弄

誠然，對比不單是一種技巧而已，它必然還蘊含了更深一層的意思。姚一葦《藝術的奧秘》一書第七章〈論對比〉便曾如是析論：

「無論此一對比通過什麼樣表現媒介，或者表現何種的花式，它都是有意義與有目的的，這一意義與目的便是作者所蘊含的意念。然而藝術品的意念不是直率地敘述出來，而是通過藝術的形式傳達出來：對比是藝術的重要形式之一；自對比所傳達出來的意念，我稱之爲『嘲弄』或『嘲弄的』。……『嘲弄』雖屬於理性的活動，它卻又不完全排斥感情，而且有時會對所嘲弄的對象寄予高度的同情與憐憫。」（註二三）

〈救風塵〉一劇既然選擇了對比形式的結構，那它又如何表達出所謂的「嘲弄」呢？首先它表現在對反面人物的譏諷、鞭撻和對正面人物的肯定、同情之上。劇中的周舍既是官家子弟，本身又多財善賈，再加上心性的靈活狡詐、老謀深算，自然是一個有錢有勢難纏的人物了。而相反的，他主要的對手趙盼兒，只不過是現實社會中極卑微低賤的一個妓女。但在彼此鬥智交鋒的過程裏，作爲嘲弄者的趙盼兒步步爲營、處處陷阱，暗中安排了致勝的武器。好笑的是，當趙盼兒已成竹於胸、勝券在握，而被嘲弄者的周舍仍不明究裏，手中依舊揮舞著棍棒，卻不料它早遭人偷偷換成紙筒了。這個一貫騙人的大騙子反受人騙，最後終於陷入十面埋伏，出盡洋相，狼狽不堪。所以，整體來說，關漢卿對周舍的譏刺、嘲諷和對趙盼兒的稱許、肯定，是極爲明白的。也因此，〈救風塵〉劇「卑賤者聰明才智，高貴者愚蠢丑行」的描寫（註二四），便成了它極爲特殊的題旨，而這多少是反映著關漢卿的意念的。

其次，就人物的嘲弄方面，〈救風塵〉劇中還有一點值得我們注意，那就是作爲嘲弄者的趙盼兒所表現出來的自嘲意識。第三折裏，趙盼兒赴鄭州，準備搭救從良後景況悽慘的宋引章、思前想後，她不禁感嘆道：

〔倘秀才〕縣君的則是縣君，妓人的則是妓人。……

〔滾繡毬〕……那些個好人家風韻，那里像咱們恰便似空房鎖定個猢孫，有那千般不實喬軀老、有萬種虛囂歹議論，斷不了風塵。

第四折則是在周舍以「你說了誓嫁我來」指責時，她如此唱道：

〔慶東原〕俺須是賣空虛，憑著那說來了言咒誓爲活路。怕你不信呵，走徧花街請妓女，道死了全家擔，說道無重數，論報應全無。若依著咒盟言，死的來滅門戶。

關漢卿的風流心性和市井生活背景，使得他深刻體會到妓女心靈深處的矛盾與偏激。須知道「孰令致之，誰爲爲之」，妓女的言行處境，事實上都有著她們難以左右的外在因素。畢竟，賭咒發誓既不好玩，而「斷不了風塵」，又有誰是心甘情願的呢？這可以從〈救風塵〉劇對妓女悲哀的再三詠嘆充分看出。所以趙盼兒的自嘲，可說是關漢卿基於對妓女的同情所投射於社會的強烈反諷。而一個劇作家不只要了解，他更要包容、同情、關懷，我們也在〈救風塵〉劇中看到了這樣的情操。

另外，幾組人物對比和情節的安排，更透露了關漢卿對社會的批判和人性的省思。一向強調「萬般皆下品，唯有讀書高」的傳統社會，由於蒙元統治者輕視禮樂文術、並廢除科舉長達七十八年，整個產生了翻天覆地的變動。文人失意落拓、窮愁潦倒，而商人卻成了現實取向的社會新寵。周舍和安秀實的這一組人物對比，以及宋引章「我嫁了安秀才呵，一對兒好打蓮花落」的一句搶白（註二五），頗能爲這樣的社會提供一個具體的註腳。（註二六）而宋引章與周舍、趙盼兒，乃至趙盼兒與周舍的重重對比裏，則似乎暗示著在爾虞我詐的社會之中，只有以假誓回應假誓、欺騙對付欺騙，優勝劣敗、適者生存了。因爲在比較之下，深沈老練恆居上風，而單純天眞雖算不得罪惡，卻也永遠落得任人宰割的命運。〈救風塵〉劇中，關漢卿這一層人性的省思，是否多少透露了他對人生、對社會的某種批判和無奈呢？

肆　結　語

祝肇年在他的《古典戲曲編劇六論》一書中，極力強調「結構必須建立在生活基礎之上」、「情節段落之間的搭配關係，必須合乎生活邏輯」（註二七），所以他如是說道：

「編劇就是要『編』的，不過是立足於生活來編。生活本身有時就是極富故事性的，經過了作者一『編』，就比生活中的故事更顯得典型、醒目、誘人、眞實。不是越編越假，而是越編越眞。」（註二八）

不錯，很多人都推崇〈救風塵〉，認爲它是關漢卿最成功的喜劇，與悲劇〈竇娥冤〉恰好互相輝映。當然，也早已有人指出這部戲的成功，最主要的就在於它的結構。而個人這篇小小的論文，則是希望在此已有的共識上，進一步探討〈救風塵〉一劇結構的對比運用、以及此一對比結構的深層意義。因爲唯其如此，關漢卿編劇的才情、經驗，還有劇本中他那些來自生活、來自人格情操的質素，才會一一呈現出來；而〈救風塵〉這個劇本的眞正價値，也才能爲我們所深刻認知。

【註　釋】

註　一　收中華書局《全元散曲》上冊，頁一七二、一七三。

註　二　同前註，頁一七〇、一七一。

註　三　見中華書局《元曲選》，頁一。

註　四　關氏劇作現存計有〈拜月亭〉、〈調風月〉、〈謝天香〉、〈救風塵〉、〈蝴蝶夢〉、〈金線池〉、〈竇娥冤〉、〈望江亭〉、〈緋衣夢〉、〈哭存孝〉、〈陳母教子〉、〈西蜀夢〉、〈單刀會〉、〈玉鏡臺〉十四本。另〈魯齋郎〉、〈五侯宴〉、〈裴度還帶〉、〈單鞭奪槊〉四本，經考證應不屬關氏作品，茲從嚴不列。詳見羅錦堂《元雜劇本事考》一書第一章，順先出版公司，頁一四。

註　五　收其《元劇評論》一書，楓城出版社，頁一一一。

註　六　見其《宋元戲曲考》十二〈元劇之文章〉，僶勉出版社，頁一〇五、一〇六。

註　七　見該書第四章〈初期之本色派〉，長安出版社，頁六九。

註　八　見佚夫主編《中國文學研究》，東亞圖書公司，頁三八四。

註　九　見該書第三章〈戲劇的結構〉，林國源譯，成文出版社，頁三一。

註一〇　見陳柱選註《老子》，商務印書館，頁二。

註一一　姚一葦《藝術的奧秘》第七章〈論對比〉，開明書店，頁一九五。

註一二　貝克《戲劇技巧》第六章，轉引自李曉《比較研究：古劇結構原理》，中國戲劇出版社，頁一一一。

註一三　此處引文依《脈望館校古名家本》，世界書局《全元雜劇》初編一冊，以下皆同，茲不一一交待。

註一四　以上所引俱在〈救風塵〉劇第一折。

註一五　見〈救風塵〉劇第二折。

註一六　同前註。

註一七　同註十一，頁一九七。

註一八　見該書卷一〈詞曲部〉〈結構第一〉〈立主腦〉條，長安出版社，頁十。

註一九　見《中外文學》四卷七期，頁九一。

註二〇　正光書局有限公司出版，頁二三。

註二一　收《元雜劇鑒賞集》，北京人民文學出版社，頁三一、三二。

註二二　見該書第三章〈單刀會〉第四節〈佈局、人物與曲文〉，三聯書店香港分店，頁八八。

註二三　同註十一，頁一九八、一九九。

註二四　見劉蔭柏《元代雜劇史》第三章〈作家與作品研究〉，花山文藝出版社，頁六五。

註二五　見〈救風塵〉劇第一折。

註二六　有關元代士子的處境，此處不擬深論。可參拙著《元雜劇所反映之元代社會》一書第四章〈文人世界的寫照〉，華正書局。

註二七　見該書四論〈結構〉，北京中國戲劇出版社，頁一六二。

註二八　同前註，頁一七六。

試論〈漢宮秋〉雜劇結構的抒情取向

壹　前　言

中國是個詩歌的民族，在一部源遠流長的文學史裏，詩歌是中國文人最情有獨鍾、也最有輝煌成就的一種文體。它不只以繽紛的色彩，呈現自身多樣的姿容；更進一步讓它的體式與精神，直接間接的移轉滲透到其他的文體之中。以文學史中最爲晚出的戲劇而言，由詩而詞而諸宮調，乃至轉而爲曲，我們不難看出，逐漸成長的講唱、戲劇文學，是如何不能忘情的一直借助於傳統詩歌。而如果就廣義的詩歌來說，初爲戲劇之始的元雜劇，去掉科、白的故事搬演，其中以四個散套爲主架構的曲文部分，可以說根本就是詩歌形式的擴充和運用。明沈寵綏「詩體化爲南詞、北劇」的說法（註一），正指出了二者密切而微妙的關係。

而無可置疑的，這種迥異於其他民族的「劇詩」（註二），既然繼承了傳統詩歌的形式，便也必然濡染了它的精神、內涵，蔚成一獨特的風貌與趣味。蘇國榮《中國劇詩美學風格》一書即如是指出：

「『詩言志』是我國詩歌藝術的理論核心。劇詩作爲詩的一種，當然也受到了它的制約。所謂

「言志」，就是「言情」，這一點湯顯祖在〈董解元《西廂記》題辭〉中說得很明確：「志也者，情也。」詩的「言志」說和詩的「模仿」說，是中西戲劇反映生活的兩種不同方法，由此形成了「情眞」和「形眞」的兩種不同風格，前者側重在動作的內在美，後者側重在動作的外在美：殊途同歸，二者都達到了眞實地反映生活的目的。」（註三）

如果依據亞里斯多德《詩學》的說法，「今者戲劇所完成之動作，係通過故事或情節來具現」、「悲劇爲對一個動作之模擬，此一動作其本身係屬完整，完整中且具某種長度」（註四），則此處所謂「動作」的內在美、外在美，便不僅是舞台表演的一舉手、一投足而已了。它還應該擴而充之，從作者據以舖排情節的戲劇主題去體認。而這也就是說，中西戲劇「言志」、「模仿」，「情眞」、「形眞」的差異，事實上是包含一切人物、語言、表演、情節，乃至整體舞台風格而言的。兪大綱「長於抒情，弱於敘事」的寥寥八字（註五），正道破了中西比較下，中國傳統戲劇的整體特色。

雖說明臧晉叔便已指出了「情辭穩稱」、「關目緊湊」、「音律諧叶」等戲劇創作藝術上的三難（註六），但從中國戲劇眞正成熟的元雜劇算起，其實在很長的一個階段裏，曲辭的情意抒發，都遠遠的凌駕乎科、白等其他戲劇條件之上。這從《青樓集》、《錄鬼簿》、《太和正音譜》等書的記錄與批評，不難見出端的。兪爲民〈古代曲論中的結構論〉一文，分古代戲曲結構論爲三個階段，而以元代到明代萬曆以前爲初創時期，他並且同時分析說：

「在這一時期裏，曲論家們受傳統的詩文審美觀念的影響，多以詩文的審美觀念來研究戲曲。

> 對戲曲的批評與探討，注意力集中在戲曲的語言和音律上，很少有人論及戲曲結構的。即使論及，也多是片言隻語，帶有很大的片面性。如元代喬吉是戲曲理論史上論及戲曲結構問題的第一人，他提出的『鳳頭、豬肚、豹尾』之說，僅僅是就戲曲或散曲的曲文結構。」（註七）

當然，誠如吉川幸次郎所言，「批評家關心之所在，即聽衆關心之所在，也即作者的關心之所在」（註八），所謂時代風尙，本就該是一種全面性的籠罩。而如果說：「戲劇應該是史詩的原則和抒情詩的原則經過調解（互相轉化）的統一」（註九），則初期戲劇創作中，「情辭」、「音律」比「關目」更受重視的「抒情取向」，事實上已明顯的見出了統一過程裏的抒情詩優勢。其至從俞爲民所舉喬吉討論曲文結構的「鳳頭、豬肚、豹尾」之說，我們認爲初期劇作家忽略史詩原則的情節結構，絕對是難以否認的。但抒情詩的原則中，除了主觀情意的抒發之外，難道便沒有半點結構的考量？會不會在這類劇本裏，也自有它「抒情取向」的特殊結構用意？這恐怕是習慣後世戲劇定義與型態的我們，所必須加以思考和釐清的了。

拿中國戲劇眞正臻於成熟階段的元雜劇來說，研究其「抒情取向」的結構特徵，當然有助於中國戲劇特色及發展走向的深一層認識。至於研究的對象，則元明之際以詩文審美觀念作爲戲劇評論標準的曲論家，早已透露了最適切的人選。賈仲明〈凌波仙〉挽曲中「曲狀元」的推崇、朱權《太和正音譜》內「宜列群英之上」的評語（註一〇），不正表示了馬致遠的不作第二人想嗎？拙著〈從馬致遠作品看元雜劇抒情化之意義〉一文，曾有言云：

「如果說中國的戲曲本有它的詩歌承傳而稱爲『劇詩』，則馬致遠的雜劇，可以說詩的精神絕對凌駕乎劇的意義之上，而抒情的意味又遠過於敘事的體質。」（註一一）

馬致遠的雜劇作品可考者計十五種，今存〈漢宮秋〉、〈青衫淚〉、〈薦福碑〉、〈岳陽樓〉、〈黃粱夢〉、〈任風子〉、〈陳摶高臥〉七種。其中〈漢宮秋〉一劇，臧晉叔《元曲選》列爲元人百種之首，清人凌廷堪〈論曲絕句〉更謂：「文到元和詩到杜，月明孤雁漢宮秋」（註一二），以之與集詩文大成的杜詩、韓文相媲美，推崇可說過矣。

〈漢宮秋〉一劇是敷演漢元帝時後宮良家子王昭君遠赴匈奴和親的故事。有關昭君和親的記載，正史見於《漢書》卷九、卷九十四的〈元帝紀〉和〈匈奴傳〉，以及《後漢書》卷八十九的〈南匈奴傳〉。正常來說，它應該是一樁不折不扣的歷史事件。不過由於民族色彩與同情情愫的沾染，在文人學士的賦詠議論、乃至庶民百姓的說唱流傳中，王昭君故事卻不斷有著增衍變改，而流露出相當程度的主觀抒情意緒。（註一三）這由清人胡鳳丹《青冢志》所輯錄的有關詩詞及其他作品達七百四十餘種，便不難想見了。而這樣的抒情色彩，到了異民族入主中原的元代、到了「詩人之劇」作家馬致遠的手上（註一四），更是不可遏抑的呈現了出來。

當然，談到馬致遠的〈漢宮秋〉，不可避免的會觸及一個問題，那就是俞大綱所懷疑的「〈漢宮秋〉的寫作，受到白仁甫〈梧桐雨〉的影響」。（註一五）不過儘管受到〈梧桐雨〉的影響而結構相近，俞大綱仍認爲無損於它的創造價值，其至在戲劇價值上還超越了〈梧桐雨〉。元雜劇作家以昭君故事為題材的（註一六），獨〈漢宮秋〉一劇得傳世不朽，又豈是偶然的？

作為馬致遠的代表作，〈漢宮秋〉可說「是一部抒情詩劇，它是用詩的語言、詩的意境來抒發人物思想感情的」（註一七），所以用它來探討「抒情取向」的元劇結構問題，俾助於元劇的進一步了解，應該是再恰當不過了。

貳 〈漢宮秋〉結構的抒情特色

那麼，如此的一部「抒情詩劇」，究竟又存在著什麼樣的結構特色呢？我們剖析〈漢宮秋〉一劇（註一八），可得到如下的幾點認識：

一、美人圖的銜接及其意象表徵

李漁在他的《閒情偶寄》一書中，曾經提出「一人一事」的戲劇結構原則：

「一本戲中，有無數人名，究竟俱屬陪賓。原其初心，止為一人而設。即此一人之身，自始至終，離合悲歡，中具無限情由、無窮關目，究竟俱屬衍文。原其初心，又止為一事而設。此一人一事，即作傳奇之主腦也。」（註一九）

受到舞台演出時空的限制，戲劇情節的濃縮、集中，自是不容輕忽。而為了劇情的凝聚，使不致鬆散無力，充分掌握主題、貫串一氣，便成了劇作家用心之所在。有時爲了具體傳達出一本戲劇的主旨，劇作家甚至推展出一種觀念、情感，或竟設計出一個物象，來引導全劇的情節發展。傳奇作品中，如〈玉合記〉、〈明珠記〉、〈玉簪記〉、〈紅梅記〉等，都是藉由物象來貫串戲劇結構、並作爲一定程度的象徵代表，其中〈桃花扇〉可說是這方面最典型的例證了。作者孔尚任在書前〈凡例〉即如是說道：

「劇名〈桃花扇〉，則桃花扇譬則珠也，作桃花扇之筆譬則龍也。穿雲入霧、或正或側，而龍睛龍爪，總不離乎珠，觀者當用巨眼。」（註二〇）

雜劇創作要考慮四折體制的安排，對於戲劇情節，自然需要更精簡的熔煉和剪裁。也因此，我們便能更清楚的掌握住它銜接、貫串的主要線索。而其中以物象引導、發展的，亦所在多有。如〈金鳳釵〉、〈金錢記〉、〈合汗衫〉、〈勘頭巾〉、〈魔合羅〉、〈盆兒鬼〉、〈合同文字〉等劇，簡題中的物象，事實上都是各劇貫串始終的關鍵。至於〈漢宮秋〉裏的美人圖，則更值得探討了。因爲美人圖的每次出現，幾乎都牽引著劇情的轉折與發展。而除了和結構的緊密關聯，更重要的是，在這本帝王愛情的悲劇中，美人圖又自有它深一層的象徵意義，足使〈漢宮秋〉一劇更完整、更感人、更富戲劇的張力。

首先，我們不妨分析一下〈漢宮秋〉，看看美人圖每次出現的情節用意，以及這一物象貫串全劇所起的作用，茲敘述如下：

㈠刷選美女，圖形臨幸

〔駕云〕卿說的是，就加卿爲選擇使，齎領詔書一通，徧行天下刷選。將選中者各圖形一軸送來，朕按圖臨幸。（楔子）

從楔子的這一段交待，我們可以說，美人圖的第一次出現，主要乃在於故事的引發。因著漢元帝的徵選後宮，農家女的王昭君遂改變了她一生可能的命運；而更由於按圖臨幸這一特殊的徵選方式，乃不可避免的導致了無限波折及無以彌補的愛情悲劇。

㈡點破圖像，十年冷宮

〔毛延壽云〕……只把美人圖點上些破綻，到京師必定退入冷宮，教他受一生清冷。（第一折）

〔正旦王嬙引二宮女上〕一日承宣入上陽，十年未得見君王。……不想使臣毛延壽問妾身索要金銀，不曾與他，將妾影圖點破，未見君王，送居永巷。（第一折）

徵選入宮，原本是農家女出身的王昭君人生的一大轉折，憑著國色天香的姿容，她很有可能從此蒙君寵幸、一生富貴。但毛延壽的點破圖像，卻讓這一個剛剛萌生的希望，一下子狠狠的跌落到深淵之中。從整個劇本來看，美人圖上的破綻，事實上也成了王昭君命運的一個破綻。「昭君整個命運發展的線索，始終是繫結在這個破綻上，最後，其至把她推進死亡。」（註二二）然則〈漢宮秋〉劇中，美人圖的再度出現，就劇情的轉折與王昭君悲劇命運的推進，自有它積極的意義在。

㈢琵琶牽引，追究圖像

〔旦〕……當初選時，使臣毛延壽索要金銀，妾家貧寒無湊，故將妾眼下點成大破，因此收入冷宮。〔駕〕小黃門，你取那影圖來看。……傳旨說與金吾衛，便拏毛延壽斬首報來。（第一折）

深宮十年的寂寥冷清，彷佛都因著一番琵琶引興的浪漫邂逅而消釋了。遲來的恩眷，也的確讓人感到跌落深淵後重又翻轉出來的快慰。只不過漢元帝取影圖對照後的追究，不僅未能大快人心，反將引發更多的波折。我們眼睜睜的看著美人圖的出現，固然結束了十年冷宮的緜緜幽恨，卻又埋伏了另一深沈悲痛的根由，將王昭君由短暫的快樂幸福中，迅速推向更深一層的悲劇裏。

㈣投奔獻圖，匈奴逼親

〔毛延壽上〕……不想皇帝親幸，問出端的，要將我加刑，我得空便走了，無處投奔，左右是左右，將著這一軸美人圖獻與單于王，著他按圖索要，不怕漢朝不與他。（第二折）

〔二外扮丞相上〕……奏的我主得知，如今北番單于王差一使臣前來說，毛延壽將美人圖獻與他主，索要昭君娘娘和番，以息刀兵，不然他大勢南侵，江山難保。（第二折）

歡愛未久，悲怨又生。十年冷宮換來的片刻情愛，一下子便被昇高的政治衝突摧毀了。美人圖於劇中的再度出現，將劇情帶領到一衝突的高潮，也讓王昭君在愛情轉瞬幻滅後，無可奈何的面臨了生死情義的抉擇。

㈤送別前後，圖像相依

〔駕引行上〕今日長亭餞送明妃，卻早來到也。

〔雙調新水令〕錦貂裘生改盡漢宮妝，我則索看昭君畫圖模樣。……（第三折）

〔收江南〕不思量，除是鐵心腸。鐵心腸，也滴淚千行。美人圖今夜掛昭陽，我那裏供養，便是我高燒銀燭照紅妝。（第三折）

在與丞相的一番針鋒相對之後，元帝終於不得不接受了「誰似這做天子的官差不自由」的現實。而如果說前面的據理力爭，猶然表現了一種上緊發條的生命執著力量，則此後的妥協放棄，便彷彿生命力徹底鬆弛癱瘓的無奈了。〈漢宮秋〉一劇第三折的灞橋送別，是男女主角生離死別的一刻，但作者馬致遠在處理時，似乎著力於一支支盪氣迴腸的曲文，而不在情緒激越的情節安排上。從這一折中出現的美人圖，我們事實上也可以體會到這種轉向低沈、無奈的悲哀。

(六)美人已杳，圖像解懷

〔駕引內官上〕……自從明妃和番，寡人一百日不曾設朝，今當此夜景蕭索，好是煩惱人也。且把這美人圖掛起，少解悶懷也呵。（第四折）

〔剔銀燈〕……偏寡人喚娘娘不肯燈前應，卻原來是畫來的丹青。……（第四折）

承續著上一折的低沈、無奈，整個〈漢宮秋〉的第四折更沈浸在一種蕭索悲涼的氣氛之中。當一切都已塵埃落定，不復可能挽回，眞可謂「人生至此，天道寧論」了。空盪盪的舞台上，只有哀莫大於心死的元帝，獨自咀嚼著一段人生情愛突然幕啓、幕落的孤寂。在雁唳陣陣的長夜裏，美人圖空自懸掛，這又該是什麼樣的一種情懷呢？

從以上簡單的分析，我們不難看出美人圖的每次出現，確實對〈漢宮秋〉一劇的情節結構，起著相當關鍵性的作用。經由刷選美女，圖形臨幸→點破圖像，十年冷宮→琵琶牽引，追究圖像→投奔獻圖，匈奴逼親→送別前後，圖像相依→美人已杳，圖像解懷的一系列安排，已然爲全劇的完整結構，串織了一條連緜不斷的主要線索。而如果再深入一層去體會，則這一條銜接的線索，事實上也是牽引觀衆情緒起伏變化的感情軸線。我們且圖示如下：

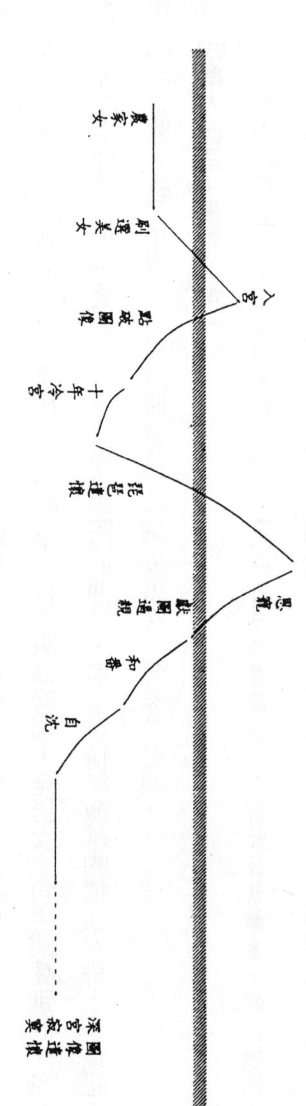

由簡單的曲線圖裏，美人圖出現時所導引的起落，尤其是那樣一種旋起旋落，而又起得少、落得多，起得短、落得長的跌宕轉折，當然更令觀者隨之起伏感嘆、唏噓不已了。

當然，美人圖既是銜接全劇、轉折全劇的樞紐，它所意謂的便絕不只是實質的昭君圖樣、或單純作爲一串織情節的介質而已。孔尚任〈桃花扇〉一劇的〈小識〉有云：

「桃花扇何奇乎？其不奇而奇者，扇面之桃花也；桃花者，美人之血痕也；血痕者，守貞待字，碎首淋漓，不肯辱於權奸者也；……帝基不存，權奸安在？惟美人之血痕、扇面之桃花，嘖嘖在口，歷歷在目，此則事之不奇而奇，不必傳而可傳者也。」（註二二）

很顯然的，孔尚任現身說法的指出了桃花扇作爲一飽受殘酷政治摧折之愛情象徵的深層意義。而在〈漢宮秋〉中，美人圖正如桃花扇般扮演著全劇的龍珠，自然也就與桃花扇般的具有其意象表徵了。從整個劇本作一觀察，則美人圖實爲元帝與昭君之間愛情的象徵。試看第三折中的這一段曲文：

〔雙調新水令〕錦貂裘生改盡漢宮妝，我則索看昭君畫圖模樣。舊恩金勒短，新恨玉鞭長。本是對金殿鴛鴦，分飛翼，怎承望。

舊恩新恨，多麼繾綣淒迷的一段情愛啊！但活生生的王昭君終於還是在複雜的政治因素下自願和番了。既不能長相廝守，則只有一幀圖像，朝夕晤對了。而在灞橋送別後，元帝迫促想望的也是「美人圖今夜掛昭陽，我那裏供養，便是我高燒銀燭照紅妝」。至於第四折中，當夜景蕭索，將美人圖掛起少解悶懷的安排，仍然是這種心情的延伸。不錯，守著美人圖像，其實也就是守著心中永難磨滅的一段情愛。

只是這一段情愛自始就不是單純的，毛延壽的點破圖像，開始了昭君和元帝間無限憾恨的悲劇。而後在作者匠心獨運之下，劇情更是波瀾起伏，扣人心弦。焦文彬在他的《中國古典悲劇論》一書中曾指出：

「馬致遠對王昭君這一傳統題材的推陳出新，有兩點特別值得注意。一是毛延壽的投敵叛國獻美人圖；二是番王的引控甲士、延入塞內按圖索女。這樣就把這一和親從原基礎上提高到關係國家生死存亡的高度。」（註二三）

是的，正是這樣的兩點推陳出新，才更突顯了美人圖從頭到尾貫串〈漢宮秋〉一劇的完整意義。而也因著這樣的改變，美人圖所代表的愛情，乃不可避免的捲入複雜的人性陰謀與政治紛爭之中，無復單純感人的兩情相悅而已了。這一切，歸根究柢來說，都肇端於美人圖的被點破一事。美人圖一開始就存在的破綻，其實也就是王昭君與元帝愛情無以迴避的致命缺陷。昭君和親、自沈的悲劇，元帝獨自承擔命運弄人的無奈，莫不自此而來。

其次，就虛實相生的藝術手法而言，美人圖也能替代女主角的地位，使得〈漢宮秋〉一劇，不致在第三折之後，因著昭君的和番、自沈，而整個變得冷清單調了。我們當然都知道，元雜劇受到講唱文學的影響，全劇由正末主唱的叫做「末本」、正旦主唱的叫做「旦本」。〈漢宮秋〉是末本，所以整個劇本中，由琵琶牽引的兩情繾綣、和尚書針鋒相對的矛盾痛苦、送別時的哽咽迫促、獨處時的淒清寂寥，漢元帝的心情自能抒發得淋漓盡致。但相較之下，在歷來傳說中凝注了多方同情的王昭君，形象卻單薄多了。所以美人圖的貫串到底，多少也可以彌補這樣的缺憾。當灞橋送別，眞實的王昭君隨著匈奴部從入窮荒而去，元帝急切回宮，盼的乃是美人圖的長夜相伴。我想，這時候的元帝、乃至劇台下的觀衆，應該都覺得只要眞情相守，昭君其實並不曾遠去吧？而當昭君自投黑水，元帝守著美人圖，獨自坐對漫漫長夜，恍忽中，昭君入夢，則在似眞似幻的暗夜裏，又有誰懷疑這不是「不慣胡沙遠」的昭君「佩環月夜歸來」呢？

透過以上的分析，我們可以說，在〈漢宮秋〉這個劇本中，美人圖的銜接，不只意謂著整個劇情結構的發展貫串；它同時也是波動著男女主角、以及所有觀衆情緒起伏的一條感情軸線，而且經由虛實相生手法的運用，美人圖作爲王昭君的替代出現及死生相守感情的象徵，自然補足了昭君的形象，同時更豐盈了這一段淒迷感人的人間情愛。

二、衝突結構的強烈抒情用意

戲劇生命必須透過舞台方能成立，這是大家熟知的一個事實。而正因爲戲劇以情節爲主，且又是直接演出的方式，所以如何當下震撼、撞擊人心，使能吸引、凝聚觀衆，從而感動他們，也就成了劇作家題材方面的必要考量。事實上，觀察一些著名的劇作，我們不難發現，充滿對立、衝突的情境，果然特別適於劇藝的對象。姚一葦在《戲劇原理》一書中說道：

「戲劇的本質表現爲人的意志自覺地對某一目標的追求，或不自覺地應付一種敵對的情勢。無論此意志係自覺或不自覺，均因受到阻礙而造成衝突，並因衝突而引起不安定的情勢或平衡的破壞，從而產生戲劇。」（註二四）

不錯，衝突本來就是人類社會及心靈的一種必然現象，然則作爲反映人生面相的戲劇，又怎能自外於此呢？而如果以衝突結構爲繩尺，我們可將〈漢宮秋〉一劇大略剖析如下：

楔子一開始出現的番王與毛延壽的選美，就拉開了昭君悲劇的序幕。但序幕畢竟還不是戲曲的開始，所以有著第一折王昭君與毛延壽的正面衝突。這一衝突的結果是弱者的失敗，王昭君被打入冷宮。接著峰迴路轉，元帝的臨幸，把昭君從十年冷宮的幽寂中解放了出來。但元帝的「傳旨說與金吾衛，便拿毛延壽斬首報來」，又引出元帝與毛延壽的衝突（實際上是第一折隱藏著的兩者之間矛盾的公開化），矛盾的性質於是由臣民之間的衝突發展成君臣之間的衝突。接著毛延壽的逃入番邦，並獻美人圖「著番王按圖索要」，從而將原本的君臣衝突擴大到兩個民族之間的範圍，這也使得楔子裏埋下的番漢兩民族的矛盾衝突明顯的表面化了。而整個劇本中，王昭君與毛延壽、毛延壽與漢元帝、漢元帝與番王的三對矛盾衝突，事實上是縱橫錯落，匯聚而成一根本、關鍵的矛盾，那就是昭君與元帝的愛情衝突。

一般說來，戲劇用以反映複雜而眞實的人生事相，自然也就出現了各種不同的衝突形式。譬如說與命運的衝突、與社會律法的衝突、與別人的衝突、與自己的衝突，以及與角色、身分、利害、偏見、愚昧等等的衝突。而就在這樣一重、雙重，乃至多重的衝突中，戲劇張力逐漸緊綳，角色的完整性格也於焉形成。

〈漢宮秋〉劇中，因著末本戲的關係，身爲女主角的王昭君沒有曲辭的吐露抒發，不免減色。但馬致遠在完整的戲劇衝突中，卻充分寫出了王昭君這一悲劇形象的內在和諧。在本劇裏，眞正承受不幸的是她，但眞正能擔負苦難、超越命運、創造自我生命意義的也是她。試看看，是她不屑屈從於毛延壽索賄的自覺行爲，導致了可以預見的冷宮生涯。是她的深明大義，顧全大局，決定了她自己和番的命運。而同樣也是她的忠於國家、忠於元帝、忠於自己，讓她選擇了番漢交界的黑水，作爲她命運最後的歸宿。相對於元帝的自憐自嘆，在這齣以愛情衝突爲主軸的雜劇中，王昭君面對命運、選擇命運的衝突方式，毋寧說是極具張力的。焦文彬《中國古典悲劇論》便如是以爲：

> 「王昭君的性格經歷了抗賄—受寵—自請—殉國的過程，投江是其「蒸餾」的必然結果。它既是殉情，又是殉國，二者巧妙結合，渾然一體。這是歷代昭君文藝作品中僅見的，也是馬致遠超絕於世代之處。」（註二五）

正是以自我抉擇作爲與命運衝突的確定態度，既是殉情、又是殉國的投江行爲，才使得王昭君在這段糾葛著政治的愛情衝突中，有著激越而和諧的完成。而相較於此，馬致遠對眞正主角漢元帝的刻畫，則是另外一種著眼、另外一種筆法了。

在〈漢宮秋〉中，元帝最大的衝突應該是來自他自身角色的矛盾。因爲一個人存在於社會之中，往往由於扮演角色的多樣化，而有著不同的「角色期待」。亦即在不同的身份、職位下，他自然具有各異的權利、義務、職責，甚至嗜好、喜愛、追求等等。（註二六）當然我們也知道，角色乃是因應「人際關係」而生的，因此，當個人在斟酌如何面對多重角色的紛雜規則時，便不免陷入與人際發生衝突的潛在危機；而這種危機，自然又會對個人造成壓力，導致他內在取決上的衝突。不錯，爲了擁有昭君這個心愛的妃子，元帝個人與整個社稷、民族，確實存在著必然的矛盾與衝突。而作為一個渴望愛情滋潤的男人與身繫國族安危的九五之尊，這種外在的衝突對立，卻又是元帝個人內心深處的糾葛矛盾。〈漢宮秋〉著意描寫的正是愛情、政治纏繞不清的一個死結。只是主角之一的王昭君以自請、沈江，超越了這個衝突，同時也提煉了自己的人格。而漢元帝則在內外憂煎之下，被迫作了選擇，從此陷溺於衝突過後永無休止的挫折、沮喪裏。我們且先看看馬致遠對這矛盾衝突的刻劃：

〔牧羊關〕興廢從來有，干戈不肯休。可不食君祿，命懸君手。太平時賣你宰相功勞，有事處把俺佳人遞流。你們干請了皇家俸，卻甚分破帝王憂。那壁廂鎖樹的怕彎著手，這壁廂攀欄的怕攧破了頭。〔外〕他外國說陛下寵昵王嬙，朝綱盡廢，壞了國家。若不與他，興兵弔伐。想紂王只為寵妲己，國破身亡。〔駕〕

〔賀新郎〕……您臥重裀、食列鼎、乘肥馬、衣輕裘。您須見他舞春風嫩柳宮腰瘦，怎下的教他環珮影搖青塚月，琵琶聲斷黑江秋。〔外〕陛下，咱如今兵甲不利，又無猛將與他相持，倘或疏失，如之奈何？望陛下割恩與他，以救一國生靈也。〔駕〕

〔鬥蝦蟆〕……昭君共你每有甚麼殺父母冤讎，休休，少不的滿朝中都做了毛延壽。我掌劉氏三千里，中原四百州，自鴻溝陡，恁的千軍易得，一將難求。〔外〕見今番使朝外等宣。〔駕〕罷罷，教番使臨朝來。……番使下，〔駕〕……若要如此，久以後也不用文武，只憑佳人定天下了。……〔外〕陛下割恩斷愛，以社稷為念，早早發送娘娘去罷。〔駕〕……卿等今日先送明妃到驛中交付番使，待明日朕灞陵橋送餞一盃去。〔外〕只怕使不的，惹外夷恥笑。〔駕〕卿等所言，我都依著。我的意思，如何不依？……〔外〕不是臣等強逼娘娘和番，奈番使定名索取。況自古以來，多有因女色敗國者。〔駕〕

〔二煞〕雖然似昭君般成敗都皆有，誰似這做天子的官差不自由。……誰承望月自空明，水自流恨，思悠悠。（第二折）

在不斷的言詞對立之下，理當為帝王分憂解勞、扶持社稷的宰相，卻一直拿歷史故實、國家實力、一國生靈、天下社稷等藉口，力勸正沈浸於愛情美夢中的元帝「割恩斷愛」。雖然，這些藉口絕無法掩飾大臣們的虛弱怯懦、窘態畢露；但是轉而以代表社會的力量來對一己的情愛施壓，仍然使得整個事件導入社會與愛情相對位向的衝突裏。而身為九五之尊的漢元帝，由於角色的先天矛盾，反擊自然也就極尷尬而微妙了。因為說穿了，「他對於大臣的憤責與嘲諷，其實就是一種無力的自嘲、自責與自憐的形式。而隱藏在此情緒背後的整個癥結，則完全是一種自我發現的憤怒與悲哀。」（註二七）所以，整個看似無情的對大臣的抨擊，同樣也是對自己的質問與檢視。而就在如此的一層一層剝落下，元帝終於無可掩藏的呈露了他無能、不敢擔待的內裏。也因此，他責問的聲音一聲小似一聲，到最後，便只剩「誰似這做天子的官差不自由」的辯解和「誰承望月自空明，水自流恨，思悠悠」的喟嘆了。

經由以上的分析，我們應該可以發現，昭君與元帝這一愛情與社會的衝突，在〈漢宮秋〉劇中，並不曾造成情節結構的大幅震盪，反而是被積極作為一種情緒的抒發了。張燕瑾《中國戲劇史》一書，於此有極精闢的論述：

「劇中沒有把元帝、昭君同毛延壽、呼韓耶之間的矛盾作爲主要衝突，而是把元帝與昭君之間的感情糾葛，即以難以割捨的離情作爲主要衝突。昭君與毛延壽、元帝與毛延壽的衝突，都只用一兩句道白一帶而過，並不展開描寫。毛延壽索賄、點破美人圖等都在暗場處理；元帝欲殺毛延壽，只說了一句話，毛沒有露面就跑到匈奴去了。這些關目只是爲人物抒情創造條件。」（註二八）

三、情感高潮的濃厚詩意流露

元雜劇殊異的表演形式，決定了它作爲戲劇的某些特色，這早已是無庸置疑的事了。其中主要源自講唱文學的一人主唱方式，以及運用詩歌形式作爲主體架構所引發的抒情制約，使得元雜劇在忠實再現生活的同時，往往不自覺的有著內在情感抒發的強烈傾向，而構成了它戲劇衝突發展形式的特色。郭英德〈論元雜劇的戲劇衝突〉一文，認爲元雜劇的一般結構是在邏輯高潮之後，往往伴隨著情感高潮，而且兩個高潮緊緊相連、奇峰迭起，造成攝人心魄的藝術效果。他如是解釋並分析元雜劇的四折結構：

「所謂邏輯高潮，是全劇總衝突的轉折點，或稱轉機（危機），敵對雙方情勢的轉變決定了主人公的命運和衝突的結局；所謂情感高潮，是全劇人物情感發展的最高點，因此也是把觀眾的情感激發到最高點的場面。在元雜劇中，最常見的情況是，衝突在第一折展開後，迅速發展，到第二折末尾就出現了邏輯高潮；而整個第三折則筆墨酣暢地描寫情感高潮，以外部衝突與內心衝突的交織、以理智和情感的合流、以大段的唱詞和細膩的舞台動作，組成一曲震撼人心的交響樂。」（註二九）

不錯，就戲劇情節而言，元雜劇的第一、二折乃是準備、發展的階段。所有重要的事件線索，在此大概都已作了安排。第三折則往往是整本戲的高潮所在，前兩折蓄積的情感，至此如黃河決堤，沖洩而下，造成無比的戲劇張力。元雜劇的題目正名，一般乃用來介紹劇本、指出重點關目的。而如果稍作分析，如〈感天動地竇娥冤〉、〈趙盼兒風月救風塵〉、〈半夜雷轟薦福碑〉、〈梁山泊李逵負荊〉、〈張鼎智勘魔合羅〉等等，也確實大多指出了第三折之為每劇高潮所在。

〈漢宮秋〉第二折中元帝和宰相的一問一答，是戲中的邏輯高潮。元帝由於角色身份的關係，最後所作的妥協讓步，使得這一齣愛情衝突的戲整個因之逆轉，而昭君、元帝的悲劇，也自然無以避免了。和番、沈江，是昭君隨之而來的悲劇，卻也是此種境況下唯一解脫的法門。至於劇中主角的元帝，則苟活著獨自承受認清自己的無奈和曲終人散的孤寂。或許無需昂揚的對抗、也用不著悲壯的吶喊，這種迫促激越、哽咽斷續，乃至漸歸冷清沈寂的情緒，事實上是更緜延持久的。〈破幽夢孤雁漢宮秋〉，是的，馬致遠藉由他詩人劇作家的如椽筆力，使全劇的情感高潮，在三、四折中維繫不墜，甚而愈轉愈高的迴盪於第四折了。底下試將〈漢宮秋〉一劇四折的套曲、場次和情節大要作一表列，俾便說明：

楔子
塞外　求親之交代
宮庭　【仙呂】賞花時　刷選美女　圖形臨幸

一折
掖庭　點破圖像
後宮　十年冷宮
【仙呂】點絳唇　混江龍　油葫蘆　天下樂　醉中天　金盞兒　醉扶歸　金盞兒　賺煞尾
元帝臨幸　琵琶牽引　問出緣由　追究禍首　旨封明妃　蒙恩承寵

二折
塞外　單于請婚被拒　毛延壽獻圖
西宮　【南呂】一枝花　梁州　隔尾　牧羊關　賀新郎　鬥蝦蟆　哭皇天　烏夜啼　三煞　二煞　尾聲
恩愛犒宮　匈奴逼親　承相請明妃和番　一問一答　針鋒相對　自請和番　妥協讓步　感嘆難捨

三折
灞橋　【雙調】新水令　駐馬聽　步步嬌　落梅風　殿前歡　雁兒落　得勝令　川撥棹　七弟兄　梅花酒　收江南　鴛鴦煞
送別情懷
黑龍江畔　投江

四折
西宮　【中呂】粉蝶兒　醉春風　剔銀燈　蔓青菜　白鶴子　么篇　上小樓　么篇　滿庭芳　十二月　堯民歌　尾聲
掛圖懷舊　入夢　深宮寂寞　雁聲淒切
朝廷　兩國講和　毛延壽斬首

從以上表列，我們可以很清楚的看到，整個〈漢宮秋〉的主要情節，其實在一、二折裏已有了大致的交代。但馬致遠卻仍極盡筆墨的用兩折寫了送別和驚夢的簡單情節，三、四折中各十二支曲的抒寫，使得劇中情感高潮緜延不絕，一如韓幼德所說：

「至於當繁處，任何自然時間的片刻，則又可因寫意的需要而化爲寫意時間，以「工筆」的「筆觸」加以盡情地剖析展開。」（註三〇）

而仔細咀嚼筆墨酣暢的這些曲子，也確實能感受到抒情的氣氛遠過於敘事的成分、詩的意味濃於劇的性質。譬如說第三折裏，元帝在宰相一聲一勸之下，依依不捨的幾支曲子：

〔梅花酒〕迥野荒涼，草卻又添黃，色已早迎霜，犬褪得毛蒼，人搠起纓鎗，馬負著行裝，馳運著餱糧，人獵起圍場。他傷心辭漢主，望攜手上河梁，前面早叫排行，愁鑾輿到咸陽。到咸陽，過蕭牆；過蕭牆，葉飄黃；葉飄黃，遶迴廊；遶迴廊，竹生涼；竹生涼，近椒房；近椒房，泣寒螿；泣寒螿，綠紗窗；綠紗窗，不思量。

〔收江南〕不思量除是鐵心腸，鐵心腸也滴淚千行。美人圖今夜掛昭陽，我那裏供養，便是我高燒銀燭照紅妝。〔外〕陛下回鑾罷，娘娘去遠了也。〔駕〕

〔鴛鴦煞〕我煞大臣行說一個推辭謊，又則怕筆尖兒那火編修講。不見他花朵兒精神，怎趁那草地裏風光？唱道竚立多時，徘徊半晌，猛聽的塞雁南翔，呀呀的聲嘹喨，卻原來滿目牛羊，是兀那載離恨的氈車半坡裏響。〔下〕

灞橋餞別，這是一個斷人腸的生離死別。從此天各一方，昭君辭了漢主，漸行漸遠；而元帝依依竚立，亦終將回到那寂寞卻又充滿回憶的宮闈之中。郊野荒涼、秋殺逼人，馬致遠寫出了寥廓莽蒼的北國風光，以襯托昭君弱質遠走的無窮哀怨。接著他又用頂眞格的手法，層層扣合，貼切元帝迫促斷續的心境，來想見秋日淒清的後宮景象。就這樣一北一南、一望一想，既是對照、又是相生，眞要令人吟味無盡了。無怪乎王國維會盛稱其意境，而謂「以上數曲，眞所謂寫情則沁人心脾，寫景則在人

耳目，述事則如其口出者」。（註三二）

而承接著這一折「美人圖今掛昭陽，我那裏供養，便是我高燒銀燭照紅妝」的迫切想望，第四折寫的便是此一幻夢醒覺後的無限淒清哀切。我們且看底下的幾支曲子：

〔剔銀燈〕……偏寡人喚娘娘不肯燈前應，卻原來是畫來的丹青。……

〔蔓青菜〕白日裏無承應，教寡人不曾做一個到天明團圓夢境。〔雁叫了〕卻原來雁叫長門兩三聲，怎知道更有個人孤另。〔雁叫了〕

〔白鶴子〕多管是春秋高，觔力短；莫不是食水少，骨毛輕？待去後，愁江南網羅寬；待向前，怕塞北雕弓硬。

〔公〕傷感似替昭君思漢主，哀怨似作薤露哭田橫，淒愴似和半夜楚歌聲，悲切似唱三疊陽關令。〔雁叫了〕

〔上小樓〕早是我神思不寧，又添個冤家纏定。他叫得慢一會兒，緊一聲兒，和盡寒更。不爭你打盤旋，這窩裏同聲相應，可不差訛了四時節令？……

〔滿庭芳〕雁兒又不是心中愛聽，大古似林鶯嚦嚦，山溜零零。山長水遠天如鏡，我則怕誤了你途程。見被你冷落了瀟湘景，誰望道人過留名。那堪更瑤堦夜永，嫌殺月兒明。……

〔堯民歌〕呀呀的飛過蓼花汀，孤雁兒不離了帝王城。畫簷間鐵馬響丁丁，寶殿上君王冷清清。寒更寒更，蕭蕭落葉聲，燭暗長門靜。

傳統詩歌強調意境，而當詩進入戲曲之中，必然要與劇相結合，因此，劇詩的創作，也必然要以追求意境爲最高的審美標準。（註三二）馬致遠既是一個典型的詩人劇作家，於此自有他卓爾獨特的表現。〈漢宮秋〉一劇，王昭君已在第三折中投江，則揆諸一般元雜劇的慣例，劇情應可急轉直下的作一收場了。但馬致遠卻強提筆勢，連用十二支曲子，費心的經營了最末一折的收場。只不過空曠的舞台上，在一聲聲雁叫中，夢醒後的元帝獨自吐露心曲的安排，卻引發了戲劇性仁智互見的討論。或許進一步說明前，我們可以先看看李漁的這段文字：

「予謂傳奇無冷熱，只怕不合人情。如其離合悲歡，皆爲人情所必至，能使人哭、能使人笑、能使人怒髮衝冠、能使人驚魂欲絕，即使鼓板不動，場上寂然，而觀者叫絕之聲，反能震天動地，是以人口代鼓樂、贊嘆爲戰爭，較之滿場殺伐、鉦鼓雷鳴，而人心不動，反欲掩耳避喧者爲何如？豈非冷中之熱勝於熱中之冷，俗中之雅遜於雅中之俗乎哉？」（註三三）

一場恍忽而短促的團圓夢境，將元帝殘存的希望勾起，卻又無情的讓它瞬間歸於毀滅。而後在淒清嘹唳的雁叫聲中，元帝哀切無奈的獨白，迴盪在無邊的夜空裏，彷彿人與雁已然合一了。梅特林克曾說過：「在一切驚險、悲哀和危難都消失過後，生命裏面眞正的悲劇成分才開始」（註三四），是的，就像〈桃花扇〉的〈餘韻〉一齣，〈漢宮秋〉的第四折也同樣是「曲終人杳，江上峯青，留有餘不盡之意於煙波縹緲間，脫盡團圓俗套」。（註三五）而觀衆隨著這齣愛情悲劇的跌宕起伏，至此也趨於舒緩緜延，在靜寂哀戚的氣氛中，默默咀嚼這生離死別的人間情味。

除了在高潮、結局的設計上，表現了如此濃厚的詩意，馬致遠充分運用他融詩入曲的拿手功夫，使〈漢宮秋〉一劇更顯得詩意盎然。只以第三折爲例，即有多處可說，如〈梅花酒〉曲中的「攜手上河梁」，直接引用李陵〈與蘇武詩〉的「攜手上河梁，游子暮何之」；〈收江南〉曲中的「美人圖今夜掛昭陽，我那裏供養，便是我高燒銀燭照紅妝」，則源自於蘇軾〈海棠〉詩的「只恐夜深花睡去，高燒銀燭照紅妝」。其至在對白裏，他也融用了前人詩句，譬如「自古道：『紅顏勝人多薄命，莫怨春風當自嗟』」，原是歐陽修〈再和明妃曲〉中的句子；而「忍著主衣裳，爲人作春色」，也是由陳師道〈妾薄命〉「忍著主衣裳，爲人作春妍」稍動而成。以上這些例子的融化無痕，可說已到了「竟似古人尋我，並非我覓古人」的化境，而這當然和劇作家的涵養、風格有關。陳紹華即曾如是指出：

「和作家的獨特的藝術趣味、教養和心理有關，馬致遠的劇曲融化前人詩詞，總是根據形象、意境的要求，慘淡經營，刻意求新，做到巧切、自然，使之成爲自己『典雅清麗』的語言風格的有機組成部分。」（註三六）

語言風格不可能單獨存在，它是戲劇整體風格的一個環節。馬致遠之擅於融鑄詩詞入乎劇曲之中，其實正說明了他劇曲風格的一個明白取向。〈漢宮秋〉一劇，尤其是其中三、四兩折，便是最明顯的例證了。

叁　結　語

相對於傳奇之可以對唱、合唱、輪唱，元雜劇四折全由一人主唱的「獨白」式抒發，誠如王驥德所云：「一人主唱，則意可舒展。」（註三七）因爲透過劇中主要人物在情節發展的重點地方，連續唱套曲，自能充分發抒人物的心聲，層次分明的推動人物感情的發展過程。於此，吉川幸次郎甚至以爲：

「這類歌曲的文字，大都表白歌者的心理，而直接訴諸於聽眾，並不訴之於舞台上的人物。只有在所謂『曲白相生』的情形之下，偶爾歌辭也採用對話的形式，但這並不是雜劇的原則。歌辭可說是一種獨白，至於賓白部分，也可以自由插入獨白。要之，即使不用動作與對話來表示，只用獨白與歌曲，也足以推行雜劇的故事。」（註三八）

從這段文字試加推論，則只用「獨白與歌曲」，亦即劇中主角內心世界的轉折，即足以推展故事。換言之，在元雜劇的演出中，聽眾主要是聽演員如何運用歌曲來抒發劇中主角的心情。而也正因如此，劇作家經營劇本時，對感情起伏發展線索的考量，大概就要超乎故事情節的費心了。

基於這樣的認識，我們嘗試著對「抒情詩劇」的〈漢宮秋〉進行了深入的分析檢視。首先，我們發現作爲〈漢宮秋〉劇情銜接主線的美人圖，除了自有它的意象表徵；更重要的，它同時也是波動情感起伏轉折的一條主軸線。其次，在〈漢宮秋〉的結構中，昭君與元帝這一愛情與政治社會的矛盾衝突，並不曾造成情節結構的大幅震盪，反倒是被積極的作爲情感抒發的催劑了。再其次，藉由傳統詩歌意境的濡染滲透，馬致遠使情感高潮在〈漢宮秋〉三、四兩折中翻轉提振，緜延不絕。不錯，〈漢宮秋〉結構強烈的「抒情取向」，正是元雜劇、乃至一切傳統戲劇值得我們深切注意的一個特色。至於由抒角色之情，變而抒作者之情，則是戲劇發展史上的另一課題，只得容另文再談了。

【註釋】

註一　見其《度曲須知》上卷〈曲運隆衰〉條，鼎文版《歷代詩史長編》二輯第五冊，頁一九七。

註二　戲曲學者將戲曲稱爲「劇詩」，始於張庚所撰〈劇詩〉、〈再論劇詩〉二文（收文化藝術出版社《張庚戲劇論文集》一書），可參看。

註三　見〈中國劇詩的形成和民族個性〉一章，丹青圖書有限公司，頁二六。

註四　見姚一葦譯註《詩學箋註》第六章、七章，中華書局，頁六七、七九。又姚一葦〈戲劇的動作〉（收開明書店《戲劇論集》）一文可參看。

註五　見其序施叔青《西方人看中國戲劇》一書，聯經出版事業公司，頁三。

註六　正文書局《元曲選》上冊〈元曲選序〉，頁二。

註七　見《南京大學學報》一九八七年第四期，頁一〇八。

註八　見其《元雜劇研究》下篇第一章〈元雜劇的構成〉上，藝文印書館，頁一八九。

註九　黑格爾《美學》第三卷（下），朱孟實譯，里仁書局，第四冊，頁二五四。

註一〇　賈仲明挽馬致遠〈凌波仙〉挽曲，見天一閣鈔本賈仲明增補的《錄鬼簿》，鼎文版《歷代詩史長編》二輯二冊，頁一六七；朱權語則見《太和正音譜．古今群英樂府格勢》，鼎文版同書二輯三冊，頁十六。

註一一　收政大中文所《中華學苑》第三十六期，頁二〇四。

註一二　見趙山林《歷代咏劇詩歌選注》，書目文獻出版社，頁四六四。

註一三　可參看曾永義〈從西施說到梁祝〉（收聯經《說俗文學》一書），邱燮友〈歷代王昭君詩歌在主題上的轉變〉、黃棨琇〈王昭君故事的演變〉（二文俱收東大圖書公司《主題學論文集》一書）等文。

註一四　我國傳統戲曲，歷來就有「本色」、「文詞」，「行家」、「名家」，「文采」、「本色」，「關派」、「王派」之辨。葉師慶炳亦有〈論元人雜劇中的劇人之劇與詩人之劇〉一文，詳見《淡江學報》第九期。其實這一類討論的持續不斷，正說明了戲曲本質問題的見仁見智。而馬致遠爲「詩人之劇」的典型作家，則是以上各說皆無疑議的。

註一五　俞大綱以兩劇故事處理和劇情重點安排的相似，以及第四折並非以動作結束劇情，迥異於其他雜劇；而第四折同樣的夢境安排，似乎也非無意的巧合，因此懷疑〈漢宮秋〉受到白仁甫〈梧桐雨〉的影響。說見其〈梧桐雨和漢宮秋〉一文（收傳記文學社《戲劇縱橫談》）。其後黃敬欽〈論漢宮秋與梧桐雨的節奏速率〉（收楓城出版社《元劇評論》）、張淑香《元雜劇中的愛情與社會》（長安出版社）等，都續作推考，以補證其說，可一併參看。

註一六　依王國維《曲錄》（藝文版）所考，另有關漢卿的〈哭昭君〉、張時起的〈昭君出塞〉、吳昌齡的〈夜月走昭君〉等。

註一七　見張燕瑾《中國戲劇史》第二章〈繁榮時期的戲劇—元雜劇〉，文津出版社，頁九四。

註一八　〈漢宮秋〉一劇有《脈望舘校古名家》本、《顧曲齋》本、《元曲選》本、《酹江集》本。本論文所採據者爲《脈望舘校古名家》本，收世界書局《全元雜劇初編》第四冊。

註一九　見該書卷一〈詞曲部〉〈結構第一〉〈立主腦〉條，長安出版社，頁十。

註二〇　漢京文化事業有限公司〈桃花扇〉，頁十一。

註二一　同註十五張淑香前引書〈元雜劇中的愛情表現與其社會意義〉一章，頁六六。

註二二　同註二十，頁三。

註二三　見該書下編中〈論漢宮秋〉，西北大學出版社，頁二六八。

註二四　見該書第一編第二章第五節〈衝突的法則〉，書林書店，頁五七。

註二五　同註二三，頁二八六。

註二六　可參看張華葆《社會心理學理論》第十章〈角色行爲理論〉中〈角色期待〉一節。三民書局，頁一五七—一六〇。

註二七　同註二一，頁七二。

註二八　同註十七，頁九四、九五。

註二九　見《戲曲研究》第十五輯，文化藝術出版社，頁九〇、九一。

註三〇　見其《戲曲表演美學探索》一書第二章〈戲曲舞臺藝術美學觀挹流〉，丹青圖書有限公司，頁二六二。

註三一　見其《宋元戲曲考》第十二章〈元劇之文章〉，商務印書館，頁一二八。

註三二　可參看華迦〈戲曲的意境〉一文，同註二九《戲曲研究》第十八輯，頁一二三－一三一。

註三三　見其《閒情偶寄》卷四〈演習部〉〈選劇第一〉〈劑冷熱〉條，同註一九，頁七二。

註三四　見柯慶明〈悲劇情感與命運〉一文所引，《中外文學》五卷二期，頁一〇四。

註三五　見梁廷枏《曲話》卷三評〈桃花扇〉語，收鼎文版《歷代詩史長編》二輯八冊，頁二七一。

註三六　見其〈巧切自然－馬致遠劇作融詩入曲舉例〉，同註二九《戲曲研究》第十八輯，頁一三九。

註三七　見其《曲律》卷三〈論戲劇〉第三十，鼎文版《歷代詩史長編》二輯四冊，頁一三七。

註三八　同註八，頁一九一。

從馬致遠作品看元雜劇抒情化之意義

壹　前　言

儘管詩歌、散文、小說、戲劇是整體文學架構的四大支柱，但就中國文學而言，不可否認地，詩歌才是貫串上下的主要命脈。它不只以繽紛的色彩呈現自身多樣的姿容；更進一步讓它的體式與精神，不知不覺地移轉滲透到其他的文體之中。散文、小說此不具論，而以舞臺演出為其形體完成的戲曲，一般人更認為是詩的流變和分支。明沈寵綏即明白指出：「顧曲肇自三百篇耳。風、雅變為五言、七言，詩體化為南詞、北劇。」（註一）近人羅錦堂所謂「散曲是元代的新詩，雜劇是元代的歌劇」之辨析（註二），恐怕正是導因於二者密不可分的實質關係。而如果就廣義的詩歌來說，以四個散套為主架構，加上動作、對白以搬演故事的雜劇，根本上就是詩歌形式的擴充和運用。

不過戲曲中的故事和演出的基本型態，乃是建立在敘事詩的基礎之上。而在代言體的表達方式裏，戲曲中的每一個角色，卻又都那樣真切地吐露著「自己的」主觀情感。所以，抒情與敘事的結合，便成為中國戲曲不可或缺的條件和特色了。（註三）當然，我們都知道，以反覆迴增為表現基礎的詩三百篇，以及切身反映自我形象的〈離騷〉，早就從形式與內涵雙方面，不約而同地體現了中國文學的抒情本質。而漢代經學家透過對於《詩經》的反省，所提出的「詩言志」的理論，更是決定性地影響了往後一部中國文學史的抒情走向。（註四）無怪乎陳世驤〈中國的抒情傳統〉一文裏，便以爲中國文學的榮耀並不在史詩，而是「在抒情的傳統裏」。（註五）至於敘事詩的發展，相對於抒情詩沈深酣暢的顯現，未免就單薄黯淡多了。《詩經》中的部分作品，雖然已具備某些敘事的成分，但終究還不是眞正的敘事詩。漢代樂府的〈陌上桑〉，在短小的篇幅中，事件和人物的描寫都粗具規模，可說是敘事詩的初步形成。只是如果以東漢末年的〈孔雀東南飛〉，作爲敘事詩成熟的標誌，我們卻不得不遺憾的指出，在往後漫長的魏晉六朝裏，它並沒有邁出寬廣緜長的里程。而不論是題材的選用，或者是精神的承遞，缺少了敘事詩的孕育，則中國的戲曲必須等待。然後隨著文學的大勢所趨（註六）和市民階層的逐漸興起，唐宋兩代的傳奇、變文、話本大量湧現，遂爲接著而來的敘事詩體的講唱文學，奠定了茁壯的深厚根基。諸宮調之一變而爲戲曲，其實正是敘事經驗再三提煉的必然結果。

而如果檢討一下整個文學史的演化過程，則抒情傳統可說是文人階層長遠以來的創作累積，相對於此的敘事經驗，卻一直是民間嘗試的緩慢收成。「市井文化與抒情傳統的新結合」（註七），宣告了一種文學體裁的誕生，也揭示了我國戲曲的特異本質。明胡侍《眞珠船》卷四〈元曲〉條曾謂：

「蓋當時臺省元臣、郡邑正官，及雄要之職，盡其國人爲之。中州人每沈抑下僚，志不獲展，如關漢卿入太醫院尹、馬致遠江浙行省務官、宮大用釣臺山長、鄭德輝杭州路吏、張小山首領官，其他屈在簿書、老於布素者，尚多有之。於是以其有用之才，而一寓之乎聲歌之末，以舒其怫鬱感慨之懷，蓋所謂不得其平而鳴焉者也。」

不錯，如鄭振鐸所言，在時代遽變中徬徨失所的元代士子，第一次「為民衆們所用」，「來向民間作文人」（註八），確實使得孕育自民間的戲曲獲致空前的發展。但是，文人的抒情傳統固然豐富、也美化了民間的敘事生命，使劇中角色的性格、心境，在高度藝術手法的刻鏤下活靈活現。而他們一向詠懷抒情的創作心態，卻也因舒解「怫鬱感慨之懷」，或多或少、或直接或間接地滲入了這一種大衆化的演唱藝術裏。也就是說，抒情傳統精鍊了戲曲的藝術層次，又無可避免地弱化了它的表演生命。戲曲史中「本色」、「文詞」之辨，「行家」、「名家」之別，種種的討論主張（註九），說穿了，都是源自戲曲「抒情與敘事結合」本質的無可避免。

貳　馬致遠雜劇抒情化之論定

當然，合則雙美的分寸掌握，原就沒有絕對的標準。時代、環境、訴求對象等等的差異，都不免造成它的淆混。但不同文學體裁的精神、風格，自有其某種程度的側重，這也是無以否認的事實。王國維在《人間詞話》卷上即如是指出：

「客觀之詩人不可不多閱世，閱世愈深，則材料愈豐富、愈變化，《水滸傳》、《紅樓夢》之作者是也。主觀之詩人不必多閱世，閱世愈淺則性情愈眞，李後主是也。」

大概詩歌、散文的創作，比較傾向於個人情意的抒發；而小說、戲曲則希望客觀地、具體地展示事件的發展和人物的流動，至於作者的情感和內心活動，便最好隱沒於客觀人物關係的作品之中了。只是文人根深柢固的抒情觀念與表達手法，在投身於民間戲曲的創作時，依舊會突出作者自我的形象。吳偉業〈北詞廣正譜序〉云：

「士之困窮不得志、無以奮發於事業功名者，往往遁於山巔水湄，亦恒借他人之酒杯，澆自己之塊壘。其馳騁千古，才情跌宕，幾不減屈子離憂、子長感憤，眞可與漢文、唐詩、宋詞連鑣並轡。」

而王驥德《曲律》卷三《論家數第十四》則謂：

「夫曲以模寫物情，體貼人理，所取委曲宛轉，以代說詞，一涉藻繪，便蔽本來。然文人學士，積習未忘，不勝其靡，此體遂不能廢，猶古文六朝之於秦漢也。」

由以上三段文字看來，不論是基於「澆自己之塊壘」的詠懷抒情動機，或是藻繪刻鏤的「積習未忘」，則由單純而客觀的設身處地，以模寫抒發劇中腳色之情，到主觀的反映自我、表現自我，中國戲曲的漸變，似乎也是無可避免的事了。不過揆諸文學史上的往例，一般文體既經在民間形成，只要文人染指從事，便不僅藩籬盡撤、拱手相讓，而且原來蘊含的精神韻味，也要隨之洗滌脫盡了。其間就算有一過渡，時間恐怕相當短暫，更談不上著名作品的傳世不朽。而由於戲曲訴諸廣大群衆的搬演方式、以及劇烈變化的社會背景與文人條件，它雖不免於漸「變」、卻也僅止於「漸」變而已。一些重要作家和經典著作，也無待於變的落定方始確立。今天如果我們要回頭檢視一下中國戲曲成型初期——雜劇時代的「變」，那馬致遠無疑地是一個關鍵人物了。

初期雜劇作家如關漢卿、高文秀、石君寶、康進之等人，從市井生活、娼妓悲歌、水滸英雄，以及公案各方面，披露了當時社會的全般面貌。他們強烈的「敘事」用意和「寫實」色彩，共同構成了鮮明老辣、本色當行的劇壇主流。即使素來被歸爲「文采派」作家的王實甫、白樸，雖然他們的〈西廂記〉、〈麗春堂〉、〈破窰記〉、〈梧桐雨〉、〈牆頭馬上〉數劇，題材較爲偏狹，但就「敘」帝王卿相、才子佳人之「事」而言，雅馴柔麗的風格，毋寧說仍是貼切劇中人身分的「本色」。至於馬致遠就大大不同了，傳統詩人抒情的用意與手法，完完整整地進入了他的雜劇世界。看他一系列的劇作，其實正如白居易的〈琵琶行〉般，借「敘事」的表象深切地抒發自己的心境、懷抱。如果說中國的戲曲本有它的詩歌承傳而稱爲「劇詩」（註一〇），則馬致遠的雜劇，可以說詩的精神絕對凌駕乎劇的意義之上，而抒情的意味又遠過於敘事的體質。

錢穆在他的〈中國散文〉一文中，曾經說道：

「中國文學另外一個特徵，常是把作者本人表現在他的作品裏。……設辭作譬，正如一面鏡子，西方文學是用之『照外』的；而中國文學乃重在『映內』的。我們也可說，西方文學是『火性』；中國文學是『水性』。火照見外面，水映在內裏。」（註一一）

而正因著這個特性，中國的「文學」乃與「史學」發生了關係。錢穆認為作家年譜及作品繫年的工作，追根探源，自然還是在於言志抒情的先決上。基於這樣的條件，我們即使無法查考一個作家的詳實身世，卻依然能從作品中勾勒出他精神、面貌的大致輪廓。馬致遠一如多數元曲家，生平事蹟無以詳考。今天我們所能知道的，大概也僅限於「大都人，號東籬，任江浙行省務官」如此罷了。(註一二)但仔細品味其散曲作品，卻可以「想見其為人，蓋始則懷才不遇，繼而放浪生涯，終則投老林泉者也」。(註一三)詠懷言志的內涵，由此足見一斑。

馬致遠的散曲，依任中敏《東籬樂府》一書所輯，計小令一〇四首、套數十七，另外還有殘套五套。(註一四)其中除〈小桃紅〉四首分詠四季，〈喜春來〉六首賦六藝，〈壽陽曲〉八首寫「山市晴嵐」、「遠浦帆歸」、「平沙落雁」等瀟湘八景(註一五)，偏於才情、技巧的顯現。多數的作品無不充分流露生活際遇、情緒思想、人生態度的起伏轉折，令人吟誦之餘，如聞謦咳。我們且先看如下的三首〈金字經〉：

「絮添蘆花雪，鮓香荷葉風。且向江頭作釣翁。窮。男兒未濟中。風波夢。一場幻化中。」

「擔頭擔明月，斧磨石上苔。且做樵夫歸去來。柴。買臣安在哉。空巖外，老了棟梁材。」

「夜來西風裏，九天雕鶚飛。困煞中原一布衣。悲。故人知未知。登樓意，恨無天上梯。」

強烈冀求援引的心態，時運不濟、困窮老去的嗟嘆，來雜著濃濃的懷才抱質的感傷，不知不覺地自曲家的內裏流露了出來。然而在元代那種士人地位一落千丈的時代裏，所有的感傷、嗟嘆，都註定要轉而爲無盡的矛盾與掙扎了。

在〈撥不斷〉曲中，馬致遠如是寫道：

「嘆寒儒。謾讀書。讀書須索題橋柱。題柱雖乘駟馬車。乘車誰買長門賦。且看了長安回去。」

現實處境既是不堪，儘管可以看出一種酸溜溜的心理，作者卻已不得不認知「本是個懶散人，又無甚經濟才」，而低賦「歸去來」。（註一六）同樣地，在「綠蓑衣紫羅袍誰是主，兩件兒都無濟」、「恰道不如歸，又叫行不得」的扞格失落裏，他也只有發爲「則不如尋個穩便處閒坐地」的消極了。（註一七）

當然，「歸去來」是現實中的一種抉擇，同時也該是心路的一段漫長歷程。而不管是水到渠成的自然孕育，抑或迫不得已的自我調適，都是免不了一番人世割捨的陣痛。我們試看底下的一些曲子：

「帶月行，披星走。孤館寒食故鄉秋。妻兒胖了咱消瘦。枕上憂。馬上愁。死後休。」

（〈四塊玉〉「嘆世」）

「咸陽百二山河。兩字功名，幾陣干戈。項廢東吳，劉興西蜀，夢說南柯。韓信功兀的般證果。蒯通言那裏是風魔。成也蕭何。敗也蕭何。醉了由他。」（〈折桂令〉「嘆世」）

「布衣中。問英雄。王圖霸業成何用，禾黍高低六代宮。楸梧遠近千官塚。一場惡夢。」

（〈撥不斷〉）

類似上面的「嘆世」作品，在《東籬樂府》中佔著相當多的比例。功名、家庭、人生，乃至王圖霸業、歷史滄桑的價值否定，其實便是在爲坦然面對人生困頓，作一番心理的安置。而後經歷了「兩鬢皤。中年過。圖甚區區苦張羅」的「半世蹉跎」（註一八），同時也必然熬過了滾沸纏結的心理起落，呈現在我們眼前的，就是那些田園山水、漁樵詩酒的悠遊安閒了。茲舉三首〈清江引〉「野興」如下：

「林泉隱居誰到此。有客清風至。會作山中相，不管人間事。爭甚麼半張名利紙。」

「西村日長人事少。一個新蟬噪。恰待葵花開，又早蜂兒鬧。高枕上夢隨蝶去了。」

「東籬本是風月主。晚節園林趣。一枕葫蘆架，幾行垂楊樹。是搭兒快活閑住處。」

似乎世俗的追求，到此已告一個段落。林泉風月、花開蟬噪，禪悟後的生命，事實上擁有更多領略不盡的樂趣。他的幾個散套也都清楚地表白了如此的心路。〈大石調青杏子〉「悟迷」一套，馬致遠敘述了「世事飽諳多，二十年漂泊生涯，天公放我平生假」的人生轉變，也吐露了「唱道塵慮俱絕，興來詩吟罷酒醒時茶」的淡淡品味。〈般涉調哨遍〉裏，一開始就說道：「半世逢場作戲。險些兒誤了終焉計。白髮勸東籬。西村最好幽棲。老正宜。」而歸隱之後，「有一片凍不死衣，有一口餓不死食」，物慾降到最低的程度，但「成趣南園，對榻青山，繞門綠水」的觸目暢懷，卻無限地提供了他的精神愉悅。此外，著名的〈雙調新水令〉「題西湖」和〈雙調夜行船〉「秋思」兩組散套，更是從功名、人生，推到朝代興亡、歷史滄桑的感慨，從而領悟順適自然，與世無爭的生活態度。（註一九）

而不論是生活中到達的境界，或仍只是理想下悠然的神往，在馬致遠的散曲裏，它們確實是那樣強烈地被表現了出來。

就廣義的詩歌而言，散曲與詩詞可說一脈相傳，然則馬致遠作品中濃厚的自我色彩，本就是傳統言志抒情的擴散而已。值得注意的是，一般作品多的雜劇作家，往往「有幾種說此富貴風月，有幾種說些市井瑣語，全爲供社會娛樂起見。前後所作，不定是一樣意思。」而馬致遠的雜劇則「都能夠表現他自己一貫的思想」。（註二〇）如果更進一步剖析這些雜劇，便不難發現這「一貫的思想」，居然與他散曲的觀念、精神如出一轍。抒情旨意如此明顯地滲入以搬演訴諸觀衆的戲曲之中，在中國戲曲發展的歷史上，無疑地是一件有著劇烈變化而影響重大的事。

馬致遠現存的雜劇，〈青衫淚〉是借白居易自傷棄逐的一首〈琵琶行〉，套入元劇三角戀愛的模式。（註二一）〈薦福碑〉則據宋釋惠洪《冷齋夜話》中雷轟薦福碑的故事粧點而成。大致說來，這兩個劇本充分流露了文人對功名與愛情的熱切期望，也無奈地寫出了地位低落、尊嚴貶損的文人挫折。〈黃粱夢〉中的呂洞賓從功名夢中醒悟、〈陳摶高臥〉中的陳摶則自始至終棄絕功名，兩劇的功名色彩逐漸沖淡，而精神上已歸於消極無爲。至於〈岳陽樓〉、〈任風子〉二劇，透過當時盛行的全眞教的貫串，隱隱約約地傳達了借助宗教而歸隱山林的意旨。另外的一本〈漢宮秋〉，姑不論是否反映了讀書人的民族意識（註二二），但從題材運用、表達技巧、風格韻味諸方面看來，仍然是十足文人色彩的。如果「以個人內心自白作意旨」乃抒情詩的內涵要素（註二三），則馬致遠的雜劇無疑是合乎條件的。王季思在「元人雜劇的本色派和文采派」一文，曾如是指出馬致遠雜劇和散曲的相通：

「我們看他的〈薦福碑〉，就好像讀他的〈黃鐘女冠子〉一類的散曲，傾訴他『都不迭半紙來大功名一旦休』的痛心；看他的〈青衫淚〉，就好像讀他的〈大石調青杏子〉散曲，歌頌他『天賦兩風流』的姻緣；看他的〈陳摶高臥〉等神仙道化劇，更像讀他的〈雙調夜行船〉、〈般涉調哨遍〉等散曲，欣賞他『紅塵不向門前惹，綠樹偏宜屋角遮，青山正補牆頭缺』的世外桃源。」（註二四）

確實，讀馬致遠的雜劇，故事情節主宰引動的力量，似乎是低到了若有若無的地步。而劇中明白要傳達的思想、感情，卻一而再、再而三地貫串著，凝聚著。甚至我們將其中的曲文，攙入他的散曲集裏，也絲毫看不出扞格不諧的地方。底下試著摘錄各劇的部分曲文以見一斑（註二五），如：

「你文章勝賈浪仙。詩篇壓孟浩然。不能勾侍君王在九間朝殿。怎想他短卒律命似顏淵。今日撲通的餅墜井，支楞的琴斷絃。………」（〈青衫淚〉第二折〈滾繡毬〉）

「常言道七貧七富。我便似阮籍般依舊哭窮途。我住著半間兒草舍，再誰承望三顧茅廬。則他這飯甑有塵生計拙，則我坐榻無氈故友疏。則道三寸舌爲安國劍，五言詩作上天梯。既有這上天梯，可怎生不見我這青霄路。我可便望蘭堂畫閣，剗地著我甕牖桑樞。」（〈薦福碑〉第一折〈混江龍〉）

「我如今帶儒冠著儒服。知他我那命裏有公侯也伯子男乎。我左右來無一個去處。天也，則索

里各剌里韞匵藏諸。」（同上〈鵲踏枝〉）

「往常我望長安心急馬行遲。誰承望坐請了一個狀元及第。恕面生也白象笏，少拜識也紫朝衣。今日個列鼎而食。煞強如淡飯黃虀。到今日恰回味。」（同劇第四折〈新水令〉）

「言而有信。聖人云憂道不憂貧。出家兒慈悲爲本。方便爲門。雖然是草舍茅庵一道士，伴著這清風明月兩閑人。不貪名利，不惹紅塵。俺出家兒眞個懶散學粧混。覷榮華富貴似日月參辰。」（〈黃粱夢〉第一折〈混江龍〉）

「俺那裏自潑村醪嫩。自斬野花新。獨對青山酒一尊。閑將那朱頂仙鶴引。醉歸去松陰滿身。月高風韻。鐵笛聲吹斷雲根。」（同上〈醉中天〉）

「師父道神仙只許神仙做，凡人又尋凡人去。俺爺娘枉受爺娘苦。兒孫自有兒孫福。弟子省得也末哥，弟子省得也末哥，謝師父指引上天堂路。」（〈任風子〉第二折〈叨叨令〉）

「每日價園內修持。先交我栽排下久長活計。若不是參透玄機。利名場，風波海，虛擔一世。雖然吃淡飯黃虀。淡則淡，淡中有味。」（同劇第三折〈粉蝶兒〉）

「想人生六合乾坤內。活到七十，都能有幾。人生幻化比芳菲。人愁老花怕春歸。人貧人富無多限，花落花開能有幾。……」（同上〈耍孩兒〉）

「愁什麼楚王宮、長安道、潯陽岸。我已早安排下玉砌雕闌碧雲庵。靜坐把功程辦。參透玄關。識破塵寰。早學得嚴子陵隱在釣魚灘。管什麼張子房燒了連雲棧。競利名爲官宦。爲半張字

紙，做了一枕槐安。」（〈岳陽樓〉第二折〈烏夜啼〉）

「想你百年勛業，有幾人成就。你雖然做官享富貴，何曾參透。參透那風裏燈、石中火、水上漚。怎似我天長地久。」（同劇第三折〈村里迓鼓〉）

從這些曲文稍做分析，無論才情的誇示、功名的嚮往、現實的挫折、人生的失望、世情的參透、園林仙道的歸隱，可說都有一線貫串，隱約不絕。且不只內涵、意緒，與前面所引的散曲相融相通；就是下字用語、運典使事、筆法神韻，除了散、雜本質上的些微出入，也殊無二致。如此全面地將雜劇當散曲寫，讓詩人言志抒情的傳統重又明白滲入搬演故事的戲曲之中，馬致遠無疑地該是第一人了。

叁　馬致遠雜劇之特色

而言志抒情的精神、手法既經滲入，戲曲的質變自是無可避免。我們分析馬致遠的雜劇，便有如下幾點明顯的特色：

一、抒發個人情懷而非為觀衆服務

李漁在《閒情偶寄》一書中，曾明白揭櫫「塡詞之設，專爲登場」（註二六），可說是一語道破了戲曲的本質。蓋戲曲作品的眞實生命，唯有在舞臺之上，方能獲得印證。而其被接納的程度，亦自有觀衆的直接反應。一般的詩人文家或許可以不理會時代的現狀，做他文學國度裏孤芳自賞的貴族。但以演出爲表達方式的戲曲作家，卻不得不注意到觀衆這重要的一環。爲了引起他們的共鳴，劇作中反映他們的生活、觀念、希望、感情，以及種種熟悉的事物，自是天經地義的。而言志抒情觀念下的戲曲，爲觀衆服務不再是主要目的了，如何「借他人酒杯，澆自己塊壘」，才是它們的第一要務。楊恩壽的《續詞餘叢話》說得好：

「……必也漂泊江湖、沈淪泉石之輩，稍負才學而又不遇於時，既苦宋學之拘、又覺漢學之鑿，始於詩古文辭之外，別成一派文章。非但鬱爲之舒、慍爲之解，而且風霆在手，造化隨心——我欲作官，則頃刻之間便臻榮貴；我欲致仕，則轉盼之際又入山林；我欲作人間才子，即爲杜甫、李白之後身；我欲娶絕代佳人，即諸西子、王嬙之佳偶，我欲成仙作佛，則西天、蓬島即在筆床硯匣之旁；我欲盡忠致孝，則君治、親年可駕堯舜彭籛之上。……」（註二七）

不錯，題材的選擇，絕對代表了作家的思想傾向、處世態度、生活範疇、以及藝術趣味。馬致遠的雜劇除上述〈破幽夢孤雁漢宮秋〉、〈江州司馬青衫淚〉、〈泰華山陳摶高臥〉、〈半夜雷轟薦福碑〉、〈呂洞賓三醉岳陽樓〉、〈馬丹陽三度任風子〉、〈邯鄲道省悟黃粱夢〉七本現存者之外，另外還有〈劉阮誤入桃源洞〉、〈凍吟詩踏雪尋梅〉、〈呂蒙正風雪齋後鐘〉、〈劉伯倫酒德頌〉、〈呂太后人彘戚夫人〉、〈孟朝雲風雪歲寒亭〉等幾種已佚的劇本。（註二八）從特別引出的全題看來，沒有一本取材於現實，就已耐人尋味了。再加歸納，則政治感慨、文人潦倒、詩酒悠遊、仙道隱逸的偏狹題材取向，更進一步透露了其中的消息。至於劇作之幾全是男主角主唱的末本，那自然也是作者用心下的必然現象了。王季思即明白說道：

「馬致遠雜劇在人物描寫上有一個顯著特點，就是通過劇中人物直接傾吐他自己的心情，這跟本色派作家要按照不同人物的本來面貌來描寫有明顯的區別。」（註二九）

事實上以故事情節的敘述搬演爲主，當然各有腳色、各具面貌了。關漢卿的筆底下，不論是勇敢堅強的竇娥、俠義練達的趙盼兒、稜角分明的杜蕊娘、機伶強悍的燕燕，或是大氣磅礡的關羽、剛毅正直的包公，乃至形形色色的社會衆生，無不深刻地、生動地活在舞台之上。因爲在他的雜劇裏，「很少離開人和人的關係、離開故事的發展、離開當時的情境，空洞的概念的來寫劇中人的心情的。」（註三〇）而相對的，既以抒發個人情懷作爲編劇的動機，則將自己投影於劇中腳色，乃屬必然。上節列舉馬致遠不同劇本中的曲文，那麼多不同時代、不同身分的劇中人，卻「如出一口」地唱出了同樣的心聲，而與言志的散曲有著一致的依歸，可說就是最好的說明了。

二、注重情景交融的描寫而非人物、情節的刻畫掌握

戲曲是一種故事演出的型態，所以充分刻畫人物性格、突出其舞台形象，以有效掌握並貫串情節的發展，乃是劇作家必然的認識，而曲文既是劇作家爲賦予腳色性格並串織情節，替戲中人所設計的說詞。以戲中人而言，它多少是帶著抒情意味的；但對劇作家及整部戲來說，到底敘事才是它的精神

所在。所以，傳統抒情詩「情景交融」的手法（註三一），未嘗不被運用在戲曲中，只是在並非經見的例子裏，它們必然都還有刻畫性格、展開情節的大前提。而劇作家抒發自己懷抱的意旨強烈滲入戲曲之後，劇本成了徹頭徹尾的「抒情詩」，「情景交融」的表達也自然喪失了大部分的戲劇功能，游離爲一種心境的單純抒發或氣氛的映襯而已了。試看看關漢卿〈單刀會〉第四折中的一段文字：（註三二）

〔雙調新水令〕大江東去浪千疊。趁西風駕著這小舟一葉。不比九重龍鳳闕。這裏是千丈虎狼穴。大丈夫心別。來、來、來，我覷的單刀會似村會社。

〔駐馬聽〕依舊的水湧山疊。年少周郎何處也。不覺的灰飛煙滅。可憐黃蓋轉傷嗟。破曹檣櫓當時絕，鏖兵江水猶然熱。好交我心下慘切。這是二十年流不盡英雄血。

眼前江山，洶湧風浪，如此壯闊景色，加上已非人事和昔日戰場的慘切傷感，活生生地刻畫出一個悲劇英雄的壯烈性格和磅礴氣勢。就是蘇軾詠懷今古的〈念奴嬌〉，也一樣自然地融入關羽悲壯的口吻之中了。而整段文字的交代，與單刀赴會、慷慨來去的情節，更是有著極必然的銜接。另外，我們可以拿一段馬致遠〈漢宮秋〉第一折的曲文來做比較：

〔仙呂點絳唇〕車碾殘花。玉人月下吹簫罷。未遇宮娃。是幾度添白髮。

〔混江龍〕料必他珠簾不掛。望昭陽一步一天涯。疑了些無風竹影，恨了些有月窗紗。他每見宮裏君王乘玉輦，恰便似天上張騫泛浮槎。……

就情境而言，「疑了些無風竹影」一句，是第一句「珠簾不掛」盼望心情的具體描寫。「恨了些有月窗紗」月圓人不圓的憾恨，則承昭陽的咫尺天涯而來。「車碾殘花」對深宮寂寞、年華漸老的宮娃來說，也是極淒美、極傳神的意象。如此「情景交融」的篇章，即使置之詩詞名家集中，亦不遑多讓了。問題在於，玉輦巡幸的元帝唱宮女哀愁，似乎並不貼切實際。所以吟味再三，總覺它們其實是作者個人心有所感的一段「宮詞」而已。至於〈任風子〉第四折中：

〔雙調新水令〕……編四圍竹寨籬，蓋一座草團瓢。枕著野水橫橋。不聽的紅塵內是非鬧。〔駐馬聽〕散誕逍遙。又不曾閬苑仙家採瑞草。又無甚憂愁煩惱。海山銀闕赴蟠桃，新種下黃花三徑有誰澆。白雲滿地無人掃。人道我歸去早。春花秋月何時了。

任風子悟道後的這一段曲文，借山林幽靜之景寫出閑適自得的心境，極清新、極飄逸，但若將它放到《東籬樂府》裏，恐怕會更適合此吧？

三、講究語言的藝術而不僅是生活語言的運用

我們都知道，作爲詩歌的一種表達格式，襯字的運用與三聲的通押，可說是曲所得天獨厚的條件了。因爲句法能極盡長短變化之能，自於人聲無不協，而在「方言俗語之中，多鑄繪聲繪影之新詞，以形成其文章之妙」。平上去三聲互叶，則「讀之便覺低昂婉轉，十分曲合語吻，亦即十分曲達語情」。（註三三）戲曲搬演故事，乃是生活的一種模仿重現，其中當然包括了生活的語言。它之可以

流行的曲體作爲主架構，事實上就是建立在這樣的條件之上。而因爲如此，雜劇乃能更拓展它表達的領域、更活現它傳布的精神。只是抒情傳統又含攝這種文學生命之後，詩詞那種凝鍊的藝術語言，便自不協調地出現劇中人的口中了。我們且先看看關漢卿〈救風塵〉第二折的這一段曲文：（註三四）

〔商調集賢賓〕咱收心待嫁人，早引起那話頭。聽的道誰揭債、誰買休。他每待強巴劫深宅大院，便待折摧了舞榭歌樓。一個個眼張狂，似漏了網的游魚；一個個嘴盧都，似跌了彈的斑鳩。御園中可不道是栽路柳。好人家怎容這等娼優。他便初時間有些志誠，臨老也沒來由。

生活中的語言，輔以詩歌形式的有利條件，便更形生色地展現在舞台之上了。不致突兀、不會齟齬，它是那麼和諧地融入戲曲所反映的生活之中。至於講究語言的藝術，我們且以〈漢宮秋〉第三折膾炙人口的一段曲文來做例子：

〔梅花酒〕迥野荒涼。草卻又添黃。色已早迎霜。犬褪得毛蒼。人搠起纓鎗。馬負著行裝。馳運著餱糧。人獵起圍場。他傷心辭漢王。望攜手上河梁。前面早叫排行。愁鑾輿到咸陽。到咸陽。過蕭牆。過蕭牆。葉飄黃。葉飄黃。遶迴廊。遶迴廊。竹生涼。竹生涼。近椒房。近椒房。泣寒螿。泣寒螿。綠紗窗。綠紗窗。不思量。

〔收江南〕不思量。除是鐵心腸。鐵心腸。也滴淚千行。美人圖今夜掛昭陽。我那裏供養。便是我高燒銀燭照紅妝。

九五之尊的漢元帝在邊塞上送別了王昭君，心情的落寞無奈、百感交集，自是可想而知。第一支曲子整首用排比、頂眞的句型，強化了意象與情緒的反應。第二首則在翻轉之後，又承接前面迫促斷續的頂眞語氣，以淋漓盡致地烘托神情。抒情詩的形式要素，乃是「以文字的音樂性爲組織」。（註三五）但像這樣高度展現音樂效果的精緻詩篇，在中國詩歌裏也算是少見的了。另外在〈薦福碑〉第四折中，馬致遠又如是寫道：

〔梅花酒〕……今日個在那裏深村教學的。教學的。謝天地。謝天地。遂風雷。遂風雷。脫白衣。脫白衣。入公位。入公位。上丹墀。上丹墀。帝王知。帝王知。我身虧。我身虧。那一日。那一日。便心裏。便心裏。得便宜。

〔收江南〕呀！你今日討便宜。翻做了落便宜。你待將漚麻坑索，換我那鳳凰池。

不錯，以傳統詩詞的手法來經營曲文，固然可以提昇它的藝術層次。但一味賣弄才情，融釋詩詞、雅化語言，而絲毫不考慮腳色性格的刻畫和劇情的發展，則必然因現實的脫節而阻斷神情，使人白日昏昏欲臥。文人劇作之每流爲案頭清供，往往多因如此。

肆　結　論

雜劇是孕育自民間、也長時期在民間演出的東西，它的廣闊生命來自市井形形色色的不斷融注，和眞實人生的源源哺育。初期的雜劇作家由於時代社會的非常之變，儘管稍有加工，大抵未嘗斲傷它的本色。而馬致遠以一窮愁潦倒的讀書人，借雜劇自抒懷抱。雜劇的由質漸變，可說即導因於此種文人抒情意態的復甦。後期作家著名者如宮天挺、鄭光祖、喬吉、張可久等人，幾乎都已失去市井生活觀照的興趣，而純以讀書人的生活爲描繪的主要。明人傳奇之充斥才子佳人、麗辭巧句，更是有目共睹的事實。究其原因，也都是戲曲回歸抒情傳統之故。而其中發展的本末源委，實有線可尋。朱權《太和正音譜》認爲馬致遠的戲曲「宜列群英之上」（註三六），此一明人代表性的意見，在戲曲發展史上，眞是大有意義。甚至就長遠來說，它的影響仍是不容忽視的。兪大綱有這樣的一段話：

「事實上，中國人是個很喜歡說故事、聽故事的民族。……中國戲劇的故事性卻不很濃，則爲事實，這和中國抒情詩多於敘事詩情形相同。中國戲劇也是長於抒情，弱於敘事。」（註三七）

將詩與戲劇相提並論，而又就抒情、敘事作比較，豈是偶然的。

【註　釋】

註　一　見其《度曲須知》上卷〈曲運隆衰〉條（收鼎文版《歷代詩史長編》二輯第五冊）。

註　二　見其《錦堂論曲》中〈元人雜劇論略〉一文（聯經版）。

註　三　可參看蘇國榮《中國劇詩美學風格》一書第一章〈中國劇詩的形成和民族個性〉中〈抒情與敘事的結合〉節之論述（丹青版）。

註　四　可參看蔡英俊〈抒情精神與抒情傳統〉一文（收聯經版《中國文化新論》叢書中《抒情的境界》一書）。

註　五　收志文版《陳世驤文存》一書。

註　六　郭紹虞的〈中國語言與文字之分歧在文學史上的演變〉一文（收丹青版《照隅室古典文學論集》），即從語言、文學分合的本質問題，去探討我國文學史上幾個階段的變遷，而認爲小說、戲曲的漸興，乃是一種必然的大勢所趨。

註　七　聯經版《中國文化新論》叢書中《意象的流變》一書，陳芳英即以此作爲〈古典戲劇〉單元的正題。

註　八　見其〈元明之際文壇概觀〉一文（收明倫版《中國文學研究》一書第三卷）。

註　九　「本色」、「文詞」之辨，見於明王驥德的《曲律》一書；「行家」、「名家」之別，則載於明臧晉叔的〈元曲選序〉。另外近人青木正兒《中國文學概說》標舉文采、本色兩派，劉大杰《中國文學發展史》又分爲關派、王派。葉師慶炳則全面觀察比較、發表〈論元人雜劇中的劇人之劇與詩人之劇〉一文，詳見《淡江學報》第九期。這一類討論的接續不斷，其實正說明戲曲本質問題的長遠影響。

註一〇　稱戲曲爲「劇詩」，肇於張庚的〈劇詩〉和〈再論劇詩〉二文，說見蘇國榮前引書（見註三）。

註一一　收東大版《中國文學論叢》。

註一二　見元鍾嗣成《錄鬼簿》，但天一閣藏抄本則作「江浙省務提舉」（俱在鼎文版《歷代詩史長編》二輯二冊）。而譚正璧依魏源《元史新編》有關提舉一職的考證，推論馬致遠所任「當爲儒學提舉」（見《元曲六大家略傳》，上海古典文學出版社）。

註一三　見羅忼烈《元曲三百首箋》（西南版）頁四十。

註一四　收中華版《散曲叢刊》。而隋樹森《全元散曲》（中華版）則收小令一一五首、套數十六、殘曲六套，其中部分重出於別家，恐難確定。

註一五　《全元散曲》另收分詠十二月的〈青哥兒〉十二首，《散曲叢刊》未錄。至於賦「天台路」、「潯陽江」、「馬嵬坡」等的十首〈四塊玉〉，則題材的選擇，仍具有相當主觀情思的意義。

註一六　馬致遠有四首寫「恬退」的〈四塊玉〉，末尾都以「歸去來」作結。

註一七　見其〈清江引〉「野興」，而在八首中，有五首用「則不如尋個穩便處閒坐地」作結。

註一八　前語見其〈四塊玉〉「恬退」一曲，另一句則見〈蟾宮曲〉「嘆世」。

註一九　所引曲文俱見《東籬樂府》（收中華版《散曲叢刊》冊一）。

註二〇　見隋樹森〈元曲作家馬致遠〉一文所引謝無量語（載《東方雜誌》第四十二卷第四號）。

註二一　鄭振鐸有〈論元人所寫商人、士子、妓女間的三角戀愛劇〉一文（同註八），可參看。

註二二　昭君故事之大量入於歌詠，是金、元之際普遍的事實。但其內容的改變，卻由來已久。所以必欲執〈漢宮秋〉與正史之明顯差別，斷為反映民族意識的力證，多少是流於主觀的。此可參拙著《元雜劇所反映之元代社會》第六章頁三四五（華正版）。

註二三　見蔡英俊〈傳統詩學「詩言志」的精神〉一文（《鵝湖月刊》一卷十期）。

註二四　收其《玉輪軒古典文學論集》，北京中華書局。

註二五　引用曲文，為恐失真，原則上用時代較早的版本。〈陳摶高臥〉、〈任風子〉二劇依《元刊本》、〈漢宮秋〉、〈薦福碑〉、〈岳陽樓〉、〈黃粱夢〉四劇依《脈望館校古名家本》（以上俱收世界版《全元雜劇》）。

註二六　見該書卷三〈詞曲部〉〈格局第六〉（長安版）。

註二七　見卷二〈原文續〉（鼎文版《歷代詩史長編》二輯九冊）。

註二八　馬致遠的雜劇，各家著錄不一。多者如梁乙眞《元明散曲小史》所指之十七種，少者則如譚正璧《元曲六大家略傳》之十三種。此處大致依唐桂芳《馬致遠雜劇研究》之考訂（政大中文所六十五年碩士論文）。

註二九　見其〈元人雜劇的本色派和文采派〉一文，同註二四。

註三〇　見王季思的〈關漢卿和他的雜劇〉一文（收梁沛錦所編《關漢卿研究論文集成》一書，香港潛文堂）。

註三一　情景交融可說是傳統詩歌的美學基礎，蔡英俊《比興物色與情景交融》一書（大安版）論之極爲精詳，可參考。

註三二　用鄭騫《校訂元刊雜劇三十種》（世界版）。

註三三　見任中敏《散曲概論》卷二〈作法〉（收中華版《散曲叢刊》）。

註三四　依《脈望館校古名家本》（《全元雜劇》初編一冊）。

註三五　見註三三蔡英俊前引文。

註三六　收鼎文版《歷代詩史長編》二輯三冊。

註三七　序施叔青《西方人看中國戲劇》一書（聯經版）。

元劇〈青衫淚〉〈王粲登樓〉中的文人幻夢

壹　前　言

元代是我國歷史上一個空前變動的時代，而雜劇則是在此特殊氛圍中孕育成熟的文學異數。從我國文學史一向演化的公例來看，民間文學固然是一切文學之母。然而單是騰播市井廣衆之際，它們卻從未能達到成熟的階段。必須等到士人也投注心力之後，才開始凝結而成爲完美的結晶。不過有一點值得注意的是，詩、詞文學登峯造極的發展，乃是民間、士人兩者水到渠成的自然銜接。而雜劇的異軍突起，卻肇因於士人時代變局下的驟然大量投入。一般說來，科舉的廢除與餇章繪句之不合當道（註一），所導致的物質與精神雙重困窘，實是士人另謀出路的主要因素。王國維《宋元戲曲考》即如是指出：

「蓋自唐宋以來，士之競於科目者，已非一朝一夕之事。一旦廢之，彼其才力無所用，而一於詞曲發之。且金時科目之學，最爲淺陋（觀劉祁《歸潛志》卷七、八、九數卷可知）。此種人士，一旦失所業，固不能爲學術上之事。而高文典册，又非其所素習也。適雜劇之新體出，遂多從事於此；而又有一二天才出於其間，充其才力，而元劇之作，遂爲千古獨絕之文字。」

（九、元劇之時地）

而在尙實用，薄浮辭的政治風尙下，迫使劇作家投向創作行列的性格，也必然注定了他們比一般士子更爲悲苦的命運。（註二）而一般士子借文章詩歌來吐其鬱悶，劇作家當然也會「以其有用之才，而一寓之乎聲歌之末，以抒其怫鬱感慨之懷。」（註三）所以吳偉業〈北詞廣正譜序〉云：

「士之困窮不得志、無以奮發於事業功名者，往往遁於山巔水湄，亦恆借他人之酒杯，澆自己之塊壘。其馳騁千古，才情跌宕，幾不減屈子離憂、子長感憤，眞可與漢文、唐詩、宋詞連鑣並轡。」

而楊恩壽《續詞餘叢話》〈原文續〉更如是指出：

「……必也漂泊江湖、沈淪泉石之輩，稍負才學而又不遇於時，既苦宋學之拘、又覺漢學之鑿，始於詩古文辭之外，別成一派文章。非但鬱爲之舒、慍爲之解，而且風霆在手、造化隨心——我欲作官，則頃刻之間便臻榮貴；我欲致仕，則轉盼之際又入山林；我欲作人間才子，即爲杜甫、李白之後身；我欲娶絕代佳人，即諸西子、王嬙之佳偶；我欲成仙作佛，則西天、蓬島，即在筆床硯匣之旁；我欲盡忠致孝，則君治、親年，可駕堯舜彭籛之上——非若他種文字，欲作寓言，必須蘊藉；倘或略施縱送，稍欠和平，便犯佻達之嫌，失風人之旨矣。」

（卷二）

當然，不論從劇作家的情懷流露、抑或文體的縱送方便來說，元劇之涵容劇作家主觀思緒、感情、希望等等，乃是一無可否認的事實。今天，我們想透過雜劇作品的分析、了解，去觸及作家的心境，乃至進一步體會那個時代文人普遍的遭遇、感受，可以說就是建立在這一基本體認之上。不過，我們也必須認清另一項事實，那就是雜劇乃一大衆化的演唱藝術。滿紙牢騷、一腔幽憤的文人現身說法，是絕不可能引起觀衆普遍興味與共鳴的。因此，在編寫劇本時，文人往往只能在題材的選擇、角色的安排、以及「於我心有戚戚焉」處的借題發揮等幾方面，暗寓他們的心志與情緒，其他卻仍不得不顧及大衆所能認知、領會的程度與口味了。

而由於作者的個性與外圍環境的交互影響，不同階級、不同作家的雜劇作品，自然而然地便在面對觀衆與表達自我的兩極之間，有著明顯偏向的移動。有關我國戲曲的流派，歷來論者，或分「本色」、「文詞」立說；或以「行家」、「名家」設詞。（註四）這些論調，大多偏就戲劇所使用的語言，來作爲區分流派的依據。論點既狹，所得的結果自然就不夠周延了。（註五）其實就以語言來說，它也只是思想、感情的表象而已。歸根究柢而言，一切仍不得不聽諸劇作家的主觀意識。或許我們可以這樣說，劇作家在面對觀衆與表達自我的兩極之間，他所作的不同程度的取捨，必然會導致戲劇作品中的各種枝節差異。而這些差異，便成爲區分流派的一般依據了。

在這種情況之下，面對觀衆的劇人之劇，固然不乏考察時代、社會背景的材料。而如果要對元代劇作家的思想、情感，有著進一步的了解，那就不得不有待於表達自我的詩人之劇了。譬如馬致遠乃是衆所公認的「文采」「名家」，而他現存的雜劇〈青衫淚〉、〈薦福碑〉、〈黃粱夢〉、〈陳摶高臥〉、〈岳陽樓〉，〈任風子〉等作品，事實上也隱約與他現實際遇中由窮愁潦倒而醒悟，而尋求歸隱、度脫的心路歷程，若合符節。此外，王季思更指出馬致遠雜劇在人物描寫上的一個特點，那就是通過劇中人物直接傾吐他自己的心情；這跟本色派的作家要按照不同人物的本來面貌刻畫描摹，可以說有著明顯的差異。（註六）我們看他的〈青衫淚〉，就好像讀他〈大石調青哥子〉散套，低徊於「休道姻緣難成就，好處要人消受。終須是配偶，偏甚先教沈郎瘦」的輕嘆。看他的〈薦福碑〉，則恍如讀他〈黃鍾女冠子〉一類的散曲，感喟於「著領布袍雖故舊，仍存兩枚寬袖，且遮藏著釣鰲攀桂手」的無奈。而看他的〈陳摶高臥〉等神仙道化劇，更像讀他的〈雙調夜行船〉、〈般涉調哨遍〉等散曲，沈醉於他「紅塵不向門前惹，綠樹偏宜屋角遮，青山正補牆頭缺」的悟境。（註七）描寫古人古事的雜劇之與抒發自我的散曲，居然有線相通，事實上正證明了部分作家藉由戲劇強烈表白自我的意圖。

而同時值得我們深切注意的是，透過這樣劇本的反覆玩味，我們原就可撫觸到劇作家的心靈脈動。且如果是不同作家、不同作品，卻恆有著齊一的表現，那我們便能夠進一步去體會到整個時代文人約略相同的遭遇與心聲了。元代是一個異族入主、傳統社會面臨非常之變的時期（註八），向爲四民之首的讀書人，在整個顛倒錯亂的時代裏，飽嘗了生活困頓與尊嚴貶損的煎熬。他們的哭告、他們的控訴、還有他們自求安頓的幻夢，在僅存的詩文集裏，固然留有片段的紀錄。不過能爲那一時代窮愁文人作活生生見證的，恐怕仍然有待於不遇文人所投身創作的雜劇了。

貳　兩個幻夢的耽溺

文學的產生，往往是由於人生的缺陷。文學家有了缺陷，而在實際的社會裏又無法獲得補償，那就只有在想像中另創一種世界來寄託理想，或用以自我安慰、自我陶醉了。（註九）同時如果這種缺陷不僅限於個人，而是整個時代普遍的遺憾時，我們便可以很清楚地在文學作品中找到一致的情感出路，乃至因一致而互相蹈襲所形成的俗套。

一般而論，情愛的渴慕與名利的追求，可以說是人生最強烈的兩種心理激盪力量。元劇作家一若同時代其他文人，偏偏在這兩方面都遭遇了空前的挫折。戀愛劇與仕隱劇之大量出現於元代舞台（註一〇），事實上是有它的時代背景與心理依據的。在這些劇本之中，劇作家一方面透過對現實的揭露，表達了強烈的不滿意緒；同時更經由想像的綴飾，千篇一律地編織了戀愛與功名兩個不切實際的幻夢，以填補他們的自慰情懷。在此我們揭舉馬致遠的〈青衫淚〉與鄭光祖的〈王粲登樓〉，主要即用來做為這兩個文人幻夢的具體說明。而由於幻夢的過度耽溺，也導致了劇情模型套用的氾濫。所以王粲一篇傷時懷鄉的〈登樓賦〉、白居易一首自傷謫放的〈琵琶行〉，到了沈抑下僚、懷才未舒的馬致遠、鄭光祖手上，立刻便套入元劇戀愛、功名幻夢的模型，大大扭曲了它們的原貌。如果就變動痕迹之明顯與套用之離譜來說，〈青衫淚〉、〈王粲登樓〉兩劇無疑是比較特殊而更能見出模型意義的。（註一一）

一、〈青衫淚〉的愛情團圓幻夢

任中敏《曲諧》卷二曾說：「自元以來，曲中播詠最盛者有三大情史，一為普救西廂，一為天寶馬嵬、一則為豫章茶船也。」天寶馬嵬與明妃之事同為帝王戀曲，蓋不多見。（註一二）其餘一般文人的戀愛故事雖甚繁夥，但是大抵可分為良家男女之戀愛與良賤間之戀愛兩類，而以〈西廂記〉、〈販茶船〉為其個別典型。〈西廂記〉所代表的是家長以功名、禮防來阻撓男女戀愛的一種故事模型，其中如〈傷梅香〉、〈東牆記〉，更是明顯的蹈襲模仿。這種傳統才子佳人的大團圓喜劇，當然也反映了文人追求愛情如願的美夢。不過由於元代文人的現實處境，這種美夢固屬海市蜃樓；即連如是的情節，也恐怕僅止於故事的敘說而已。所以它的劇情演進，完全著眼於自娛娛人的想像，缺乏血肉相連的現實基礎。反倒是良賤間的戀愛，因著實際遭遇的深切體認（註一三），而有現實與精神雙方面的明顯反映。〈販茶船〉劇雖不傳，但《雍熙樂府》中收錄以此故事譜曲者不下七、八套之多（註一四），足見當時流傳之廣。因此它那一套老鴇貪圖商賈多金，多方破壞士子、妓女之間感情的範式，直接間接影響了許多同類的故事，如〈青衫淚〉、〈玉壺春〉、〈曲江池〉、〈紫雲庭〉、〈百花亭〉、〈對玉梳〉、〈雲窗夢〉等都是。其中〈青衫淚〉的年代既較早，套用模式也極為明顯，可說是這一類劇本的典型例證。

〈青衫淚〉是以白居易〈琵琶行〉一詩粧點改編而成的。當然，「老大嫁作商人婦」及「商人重利輕別離，前月浮梁買茶去」的詩句，固然提供了劇作家改編的靈感。而月夜琵琶的描述，也與販茶船的情節有線相通。（註一五）不過老鴇、浮梁茶客的套入，白居易、妓女裴興奴戀愛情節的虛構，卻使得一篇沈痛哀婉的抒情詩作，幻化而爲曲折離奇的文人凱歌。前述幾篇劇本除了〈曲江池〉、〈紫雲庭〉之外（註一六），總有個獨獲老鴇青睞的商人，在劇中備受妓女奚落羞辱，最後更是可憐兮兮地以賠了夫人又折兵的慘狀收場。而幾乎所有的這類劇本，又都必然有一個堅貞自誓、託身文人的妓女，爲結局中的團圓場面提供了最有力的保證。不論是交易行爲的商業愛情、抑或是男性優勢的小說感情（註一七），至此轉變爲因著妓女傾心相許、矢志追陪而團圓收場的戀愛情節，其間時代的影像，自然是難以抹滅的。而這卻正是文人愛情夢中最值得他們咀嚼沈醉、不可或缺的主要環節。

在傳統社會中，吟詩作對一向被視爲風流雅事。它不但是文人一顯才情的機會，也是他們傲視群倫的本錢。元代士子既受挫於現實境遇，則他們原有的一套本事，本就不復昔日吹捧入雲的景況了。於是在雜劇的世界裏，他們重又找到一處展示才情的所在，而劇中才貌出衆的女主角更成了文人慧眼獨具的知己。〈青衫淚〉第三折中，作者不惜全篇照錄〈琵琶行〉一詩，便只爲了女主角對窮愁文人一句「好高才也」的讚賞。（註一八）此外，在〈玉壺春〉第三折裏，面對著有「三十舡絲綿細絹」的對手甚舍，窮酸的李玉壺更如此傲然地答道：「你雖有萬貫財，爭如俺七步才，兩件兒那一件兒聲名大？」或許在對抗商人日益壯大的聲勢時，文人能武裝自己的，也就僅餘這項可憐的本錢了。然而至少是在劇本之中，它畢竟讓文人有了「孤芳自賞」的機會，甚至在愛情的角逐裏再奏凱歌呢！

其次，文人在劇本中，更不斷地藉由女主角的言語支持與行動表示，來擡高自己的身價與地位。他們總是先塑造出一個才貌雙全、人人競相追求的女主角，而後從她們不顧流俗、慧眼獨具的眷顧垂青，文人水漲船高地獲致了肯定。〈青衫淚〉第一折中，興奴「生的顏色出衆，聰明過人。吹彈歌舞、詩詞書算，無所不通」的描寫，固然是爲劇中女主角增添一分惹人憐愛的本錢，以使這個戀愛故事先有著吸引人的開端，但我們也未嘗不能把它當作一種烘托作用的預先蓄勢。這在老鴇「官員子弟聞名，都來喫酒。只是孩兒養的嬌了，性兒自在，有些揀擇人」的話中，已經可以略見端倪。接著一場飲宴之後，興奴對「你個俊多才」的白居易，便自芳心暗許，而有著「怕你再行踏，休引外人來」的期盼叮嚀。不需任何正面的著墨，而文人的形象便輕而易舉地被突出了。〈曲江池〉第二折中，當鄭元和遭父親一陣毒打，担心前來營救的李亞仙「怕旁人恥笑、媽兒嗔怒、俺家爺爺怪恨」時，李亞仙回答的「我怕你死在逡巡、抛在荊榛，又則怕傍人奪了你個俊郎君。」事實上也有著異曲同工之妙。〈百花亭〉第一折裏，「談諧歌舞，搊箏撥阮，品竹分茶，無般不曉、無般不會」的賀憐憐，對一面之緣的王煥，卻即痴迷地如是說道：「你看他這等俊俏身材，又好個淹潤性格。一見之間，早將我的魂靈抓到他那壁去了。」短短數語，更是毫不掩藏地在炫耀著文人的吸引力。像這種文人置身一旁、自有妓女出面肯定的情節，其他幾個劇本亦莫不皆然。

同時，爲了對世俗偏見作一有力的迎頭痛擊，劇作家也作了一廂情願的安排。〈青衫淚〉中白居易左遷之後，裴興奴「再不留人」的表示，多少便傳達了一些訊息。〈紫雲庭〉裏，韓楚蘭「風流不在著衣多」的見識，也透露了對流俗的反感。而〈雲窗夢〉第一折裏，鄭月蓮當著茶商誇美張均卿說：「他便窮如范丹原憲，甘心守斷簡殘編，他螢窗雪牖，咱情願隨機變。你使盡那不疼錢，也買不轉我意馬心猿。」更是藉著妓女的信誓旦旦，對世俗的成見無情地予以當頭棒喝。尤其〈對玉梳〉劇第一折中，老鴇「見了那名公文士每來呵，嫌的是張秀才、李秀才。」而「見那公子舍人上門呵，愛的是王舍人、劉舍人。」從這種具體描述，便能見出她十足現實的臉嘴。所以當秀才荊楚臣床頭金盡時，老鴇便老實不客氣地罵道：「不發跡的窮生，趕不出門去。你是讀書人，廉恥也不顧，你不羞那。」而劇中商人柳茂英在老鴇極力引薦之下，也刺刺大言道：「大姐，小人二十載綿花都與大姐，不強如那窮身破命的。」這兩種人物的論調，其實是充分代表著社會現實傾向的。但是玉香「他雖然身貧志不貧」、「我怎肯錢親人不親」的回答，卻表現了妓女為堅貞愛情而不惜抗拒現實的勇氣與識見。有趣的是，當妓女挺身為潦倒文人辯解撐腰的時候，文人卻依附在妓女的羽翼之下，不曾表現出一點面對難題的胆氣。這一來一往之間，文人佔盡了便宜。因為在這場愛情的幻夢中，他們既維持了尊嚴、又剖白了心聲，同時更令人艷羡地成了情場的勝利者。（註一九）

當然，我們都知道老鴇、商人基於利的結合，與妓女、士子發乎情的相投，事實上正是元劇中良賤戀愛的主要衝突力量。不過除了〈玉壺春〉這部末本戲，男主角還跟老鴇、商人有過言語的交鋒之外（註二〇），其餘這類的劇本，便幾乎全是旦本了。也因此，面對衝突、抗拒壓力的沈重擔子，自然而然地就落在妓女肩上了。〈青衫淚〉第二折中，浮梁茶客仗恃錢財，大言道：「隨老媽要多少錢，小子出的起。」興奴面臨被賣的命運，除了正色道：「我心在那裏，你則管胡纏我。」嚴拒之不足，還憤激地怒斥商人說：「到如今，剗地教共豬狗同眠。」而對「偌來大窮坑火院，只央我一身填」的老鴇，興奴更是毫不留情地詛呪著：「有一日你無常到九泉，只願火煉了你，教鑊湯滾滾煎，碓搗罷教牛頭磨磨研。直把你作念到闕津渡口前，活呪到天涯海角邊。」怨懟之情，可說是溢於言表。另外在〈對玉梳〉劇的第一折裏，被妓女痛罵後的商人，可憐兮兮地要求以二十載綿花歇宿一夜，卻仍在妓女的峻拒下失望了。而楔子之中，老鴇則被狗血淋頭地咀呪爲死後「也不索做水陸、動鐘鼓鐃鈸」，因爲「你終朝看的昧心經，管取消了災障。每日念的養家咒，多應免此罪過。」至於少了商人角色的〈曲江池〉、〈紫雲亭〉二劇，更因著火力的集中，老鴇幾乎在譏嘲怪罪下招架乏力了（註二一）。這種種如出一轍的對立情節，或許也是戲劇性的必然需要。但如果換個角度來看，我們未嘗不可以說：所有良賤戀愛劇中女主角與老鴇、商人的對立衝突，事實上無不是要藉女主角反抗的行動與言語，來壯大文人日形窘蹙的聲勢。同時在刻薄挖苦的口誅筆伐中，發洩他們在現實裏積壓的怨氣，以求得暫時的快慰。

而不論是妓女失志追陪下所平白獲得的愛情滋潤，或是賣弄才情後孤芳自賞、妓女傾心的雙重滿足，乃至抬高妓女身價時惠而不費的相對待遇，甚而是妓女挺身抗辯所維持的門面尊嚴，以及退身幕後即撿拾到手的心理宣洩，我們都不能不驚異於劇作家編織幻夢的高才了。因爲在這樣的幻夢裏，老鴇、商人固然可恨可憐；即使作爲文人搭檔的妓女，也並不輕鬆。眞正大獲全勝、坐享其成的，恐怕

就只有文人了。（註二二）

二、〈王粲登樓〉的功名順遂幻夢

羅錦堂《元雜劇本事考》一書中，曾分仕隱劇爲發跡變泰、遷謫放逐、隱居樂道三類，而認爲這些古人古事的改編入劇，「固亂世文人自求解脫、自遣自慰之不二法門。」他同時並分析發跡變泰一類劇本中的主角，指出如〈伊尹耕莘〉劇之伊尹、〈智勇定齊〉劇之鍾離春、〈凍蘇秦〉劇之蘇秦、〈漁樵記〉劇之朱買臣、〈王粲登樓〉劇之王粲等，「皆爲始困終達之古人」。元劇作家對這類人物之津津樂道，乃在於「借此等人之生平，以自爲寫照。」（註二三）當然對元代抑鬱不伸的劇作家來說，所有始困終亨的故事模型，是都可以帶來某種程度的慰藉。但是要再加區分的話，到底仍得以文人爲主角的此類劇本，才能寄託作家更大、更多的希望。而當希望在現實壓擠之下，有著一致的指向時，一種更特殊、更具有時代意義的功名幻夢模型便出現了。清梁廷枏《曲話》有如是一段話：

「〈漁樵記〉劇劉二公之於朱買臣、〈王粲登樓〉劇蔡邕之於王粲、〈舉案齊眉〉劇孟從叔之於梁鴻、〈凍蘇秦〉劇張儀之於蘇秦，皆先故待以不情，而暗中假手他人以資助之，使其銳意進取。及至貴顯，不肯相認，然後旁觀者爲說明就裏。不特劇中賓白同一板印，即曲文命意遣詞，亦幾如合掌，此又作曲者之故尚雷同，而非獨扮演者之臨時取辦也。」

趙景深的《中國文學史新編》，即因此認爲〈王粲登樓〉一劇給了後來作曲者很大的影響。其實我們既無法見到元人雜劇的全部、也不能一一考定它們的先後，則趙氏如此的斷言是不夠嚴謹的。（註二四）但是這類劇本的有意模仿而蔚爲習尙，卻是無論如何不可否認的。大概現存元劇之中，除了《曲話》已提及的四種外，〈破窰記〉、〈裴度還帶〉二劇也屬此種模型。（註二五）如果完全著眼於功名幻夢的寄託、以及從改編幅度的大小，來論定上列劇本的模型意義，那麼鄭光祖的〈王粲登樓〉一劇，事實上是有它的代表性的。

一般說來，雜劇世界中的文人正如現實的景況，也有著無盡的困頓與失意。但在功名順遂的不同際遇裏，一切難題似乎便都迎刃而解了。因此功名幻夢的耽溺，就是在科舉廢除達七十八年之久的元代，仍然是劇作家筆下留連不已的一種吸引。乃至由著現實的「求之不得」，還更導致「寤寐思服」的變本加厲呢！雜劇中最明顯表白此種心聲的，莫過於介紹角色性格、思想的上場詩了。以下稍作歸納整理，並列舉它所曾出現的劇名，藉供探討：（註二六）

第一類反映了強烈的功名心志：

▲「青霄有路終須到，金榜無名誓不歸。」──〈陳母教子〉、〈破窰記〉、〈曲江池〉、〈裴度還帶〉、〈東牆記〉、〈凍蘇秦〉。

▲「學成文武藝，貨與帝王家」──〈救孝子〉、〈王粲登樓〉。

▲「一朝金榜名標上，方顯男兒志已酬。」──〈王粲登樓〉。

▲「三十男兒未濟時，腹中曉盡萬言詩。一朝若遂風雲志，敢折蟾宮第一枝。」──〈舉案齊眉〉。

第二類流露了布衣卿相的熱切期望：

▲「昨日布衣猶在體，誰想今朝換紫袍。」──〈陳母教子〉、〈老生兒〉。

▲「布衣走上黃金殿，鳳池奪得狀元歸。」──〈破窰記〉。

▲「一朝雲路飛騰遠，脫卻白襴換紫衣。」──〈裴度還帶〉。

第三類則著眼於「十載寒窗」的辛苦代價：

▲「龍樓鳳閣九重城，新築沙堤宰相行。我貴我榮君莫羨，十年前是一書生。」──〈玉鏡臺〉、〈陳母教子〉、〈牆頭馬上〉、〈破窰記〉、〈薦福碑〉、〈金鳳釵〉、〈王粲登樓〉、〈范張雞黍〉、〈凍蘇秦〉、〈赤壁賦〉。

▲「十年窗下無人問，一舉成名天下知。」──〈調風月〉、〈蝴蝶夢〉、〈王粲登樓〉、〈玉壺春〉、〈裴度還帶〉、〈漁樵記〉、〈合同文字〉、〈百花亭〉。

▲「一舉首登龍虎榜，十年身到鳳凰池。」──〈陳母教子〉、〈瀟湘夜雨〉、〈金鳳釵〉、〈倩女離魂〉、〈合同文字〉、〈碧桃花〉、〈九世同居〉。

▲「受十年苦苦孜孜，博一任歡歡喜喜。」──〈蝴蝶夢〉、〈瀟湘夜雨〉、〈王粲登樓〉。

▲「寒窗書劍十年苦，指望蟾宮折桂枝。」──〈王粲登樓〉。

從以上三類詩句看來，有些是套用前人現成、有些則為該劇所僅見。但無論如何，由它們的被普遍引用，以及彼此間的氣息相通，無疑地是有其時代意義的。而若依羅氏分類，則這些詩歌大部分出現在仕隱、戀愛、風情三類以文人爲主體的劇本中。同時在列舉的四十二次當中，此處所要探討的功名幻夢模型劇即佔了十五次，其中〈王粲登樓〉一劇又以六次高居榜首。大概在文人地位一落千丈的元代，讀書人的身價、榮耀、乃至不可預知的希望，所以再三被稱頌著，固然不失爲對現實的揶揄，但最主要的目的，恐怕還是文人耽溺其中所獲致的舒緩與安慰吧？

而在此種感情因素的牽引下，這類劇本主要線索之流於一致，乃屬必然。「始困終亨」的模型，在現實中或許只是努力加上運氣的少數例子。而在此卻被幻化爲一種俯拾即是的事實。〈王粲登樓〉中的王粲，在飽嘗人情冷暖的現實生活之後，天下兵馬大元帥的高官重位，卻在他吟詩遣愁之際從天而降。而〈破窰記〉中的呂蒙正、〈舉案齊眉〉中的梁鴻，都因窮身潑命而不容於岳家，但是歷經坎坷之後，最後都狀元及第。〈漁樵記〉中的朱買臣，生活艱澀，以至髮妻下堂求去，卻終能一舉及第，官封太守。〈凍蘇秦〉裏的蘇秦，遭時不遇，而爲家人冷落不容，也掛印爲六國都元帥。〈裴度還帶〉中的裴度，落魄時甚至齋飯不濟，同樣能狀元及第，立取青紫。劇作家對劇中角色困窘潦倒的描寫，可說是佔了每部戲的絕大篇幅。這種安排，一方面固然是令觀衆一掬同情之淚的手段，再者也是抬高結局中功名身價的鋪排；而或許更重要的是，它同時還可以作爲劇作家比較之後意緒舒緩的良方。至於這類劇中千篇一律的功名順遂結局，對於置身現實苦痛的文人來說，那就更加切用而實際了。因爲與劇中主角窮愁困頓的相同遭遇，所以模型中「始困終亨」的理想收場，也必然會帶給他們一種「理所當然」的期待與希望。

基於這樣的心態，功名幻夢模型的劇本中，便普遍存在著一種特殊現象，那就是劇中主角往往喋喋不休地細數古來失意人物，而無視於它的冗長枯燥。〈王粲登樓〉第一折中，王粲已在唱曲裏，借嚴子陵、班定遠、韓信、范丹、袁安等人抒發了個人的牢騷鬱悶。但是接著他叔父「先輩那幾個古人受窘，你試說一遍聽咱」的一句問話，便又引出伊尹、傅說、甯戚、太公、靈輒的一長串古人熟事。第三折更是離譜，先後兩次細說古人，其中還包括了一次對孔子的詳加介紹。這種俗套在〈破窰記〉、〈凍蘇秦〉、〈漁樵記〉幾個劇本裏，也都同樣地使用著。而從〈凍蘇秦〉第一折「自古豪英，個個白衣公卿。蘇秦也是書生，偏我半生飄零，一世不得崢嶸」的牢騷，〈漁樵記〉第一折裏「自古以來，不只是小生一個，多少前賢曾受窘來」的自慰，我們便不難看出劇中主角遍數失意古人的用心。當然，作爲劇中角色操縱塑造的劇作家，他們的動機則更是昭然若揭了。

另外，這類劇本中的主角，即使身家困窘、又飽受冷眼，他們卻不致向外力卑屈低頭，以尋求物質的滿足或精神的禮遇。甚至我們還可以感覺到他們的不遇，事實上就是因爲傲岸難諧而導致的。〈王粲登樓〉的楔子中，作爲母親的便曾如是介紹王粲：「學成滿腹文章，只是胸襟驕傲，不肯曲脊於人，有他叔父蔡邕丞相數次將書來取，此子不肯前去。」其中，「胸襟驕傲，不肯曲脊於人」一句，劇中凡七見。〈裴度還帶〉第一折裏，同樣也借姨媽之口，來指出裴度的「窮則窮，則是胸次高傲。」在物質極端窘迫的情況下，劇作家刻意維護文人尊嚴、武裝文人性格的用意，幾乎是可以一眼看穿的。而尤有進者，這六本功名幻夢的模型劇，在文人不傷自尊的同時，更安排了有心人的暗中援引資助，使他們經過適當的折磨考驗之後，意外地遂心如願。譬如〈王粲登樓〉一劇中恃才傲物的王粲，由於岳父蔡邕故示貶抑以激勵其志，而又假手子建以資助，最後因獻萬言長策，被宣爲天下兵馬大元帥。到眞相揭穿後，全劇便在王粲「則被你瞞殺我也，丈人」、蔡邕「則被你傲殺我也，女婿」的皆大歡喜中收場。梁廷枏《曲話》所說「此又作曲者之故尙雷同」，不正透露了劇作家的共同心聲嗎？（註二七）

總之，在功名的幻夢裏，無論是上場詩表白心志、勾勒理想的重新肯定；或是諸般蹇蹙坎坷情節經歷之後「天將降大任於斯人也」的合理期盼；乃至借古人自況的情緒舒解與希望建立，以及尊嚴維持和外力援助的並行不悖，我們都可以清楚地感受到現實中不遇的元代文人，又是如何處心積慮地在劇中世界照顧自己啊！

叁　幻夢後的眞相線索

當然，愛情、功名兩皆順遂的結局，原是一般士子所衷心嚮往而全力追求的。但在傳統的社會裏，它往往卻是二而爲一的問題。（註二八）因爲當功名前程徹底被否定之後，文人感情生活基礎，也就跟著動搖了。劇作家或許仍可以自欺地耽溺於他們編織的幻夢，吮啜著聊勝於無的慰藉與希望。然而他們終究是無法欺人的，因爲對現實的難以釋懷，總不知不覺地會在他們的幻夢中，閃現著眞相的線索。循線追索的必然，卻是幻夢的烟消雲散。而至此裸陳於我們不忍眼前的，就只有文人卑微的心願與寄託了。

其實在〈薦福碑〉、〈范張雞黍〉這類憤激的劇本中，劇作家早已對元代政治的黑暗、文人處境的迫促，作了相當直接的披露。而即使功名幻夢模型的劇本裏，主角在始困終亨的歷程之中，也一直有著失意、憤慨的側寫。〈王粲登樓〉第二折裏，王粲就指出「如今那有錢的布衣人平登省台」、「如今他可也不論文章只論財」，因而慨嘆：「我比那買官的省些玉帛，我比那求仕的費些草鞋，赤緊的好難尋呵紫袍金帶。」〈凍蘇秦〉第三折裏，蘇秦也同樣怨艾道：「如今那有才學的受困窮，……十載寒窗捱不出虀鹽況。」而〈漁樵記〉第一折中，朱買臣更是無限感傷地自嘲說：「我如今空學成這般贍天才，也不索著我無一搭兒安身處。我那功名在翰林出職，可則剗地著我在柴市裏遷除。」像這樣血淚斑斑的文人遭遇，比起最後「得來全不費工夫」的順遂結局，自然是要眞切多了。元無名氏〈朝天子〉志感二首小令曾如此寫道：

「不讀書有權，不識字有錢，不曉事倒有人誇薦。老天只恁忒心偏，賢和愚無分辨。折挫英雄，消磨良善，越聰明越運蹇。志高如魯連，德過如閔騫，依本分只落的人輕賤。」

「不讀書最高，不識字最好，不曉事倒有人誇俏。老天不肯辨清濁，好和歹沒條道。善的人欺，貧的人笑，讀書人都累倒。立身則小學，修身則大學，智和能都不及鴨青鈔。」（註二九）

從散曲直抒胸臆的描寫，我們不難了解元代文人仕進無路的眞相。有了如此體認，再回頭看雜劇中文人遭遇之與散曲貌同神似，實在正因爲它究竟也是劇作家現實困境的投影啊！而更因爲如此，前面諸劇中困厄主角口裏的「如今」，也就更突現了劇情落實於當代的色彩。

而在這種顛倒錯亂的時代裏，文人進退失據的窘迫也就無以遮掩了。〈王粲登樓〉中「如今友人門下難投托」的感慨、〈凍蘇秦〉中「十謁朱門九不開」的屈辱，固然是文人感受獨深的悲哀。而〈破窰記〉、〈舉案齊眉〉、〈裴度還帶〉、〈凍蘇秦〉等劇中「搠筆爲生」的卑微，也充分反映了「九儒十丐」的自憐自嘲心態。畢竟原本指望「學成文武藝，貨與帝王家」的文人，既手足無措於一個翻天覆地的突然變改，則他們的命運也就注定了。〈凍蘇秦〉第一折中，蘇秦所唱：「待要去做莊農，又怕悞了九經，做經商又沒個本領。往前去賺入坑，往後來褪入井。兩下裏怎據憑，折磨俺過一生。」大概就是元代文人的眞實寫照了。

除了生活的困窘之外，精神上的煎熬折磨，也是文人難堪的境遇之一。〈破窰記〉第一折中，寇準遭劉員外一頓奚落，嗟嘆道：「可憐此等無情物，則識衣衫不識人。」而〈裴度還帶〉第一折裏，遭時不遇的裴度正對他姨夫大談讀書人「抱德懷才」道理，冷不防便被他姨娘澆了一盆冷水：「懷才懷才，你且得頓飽飯喫著。」讀書人到這般下場，可說是斯文掃地了。而如果再看看〈凍蘇秦〉第一折的這段話：「如今街市上有等小民，他道俺秀才每窮酸餓醋，幾時能勾發跡，那一個不把我欺，不把我淩，這都是冷暖世人情。」便更可以知道〈舉案齊眉〉第二折「秀才每儒人今日不如人」的話，事實上是有著特殊時代背景的。

由以上的剝繭抽絲，我們當然有理由相信，劇作家那些鼓脹著熱切情緒與自慰心態的功名幻夢，其實不過是種「一廂情願」的精神安頓罷了。而如果功名幻夢的彩球一經戳破，那麼隨之飄浮的感情理想，勢必即將落空。元周德清有〈折桂令〉曲云：

「倚蓬窗無語嗟呀，七件兒全無，做什麼人家。柴似靈芝，油如甘露，米若丹砂。醬甕兒恰纔夢撇，鹽瓶兒又告消乏。茶也無多，醋也無多，七件事尚且艱難，怎生教我折柳攀花。」

（註三〇）

比起唐宋文人的功名在望，詩酒流連，這可說是元代文人沈痛的一篇告白了。而前面已經提過，元劇中良賤的戀愛，幾乎都是〈販茶船〉雙漸、蘇卿故事的翻版。值得推敲的是，當元劇千篇一律套用〈販茶船〉喜劇結果的同時，散曲卻有幾篇轉變，乃至翻案的作品。譬如王曄以雙漸蘇卿故事設為問答的一套曲子，其擬情入微之處可以說讓人為之頷首同感、拍案叫絕，茲舉最後一首蘇卿招供的〈水仙子〉於下，俾略見一斑：

「書生俊俏卻無錢，茶客村虔倒有緣。孔方兄教得俺心窰變，胡蘆提過遣。如今是走上茶船，拜辭了呆黃肇。上覆那雙解元，休怪俺不赴臨川。」（註三一）

此外，周文質〈越調鬥鵪鶉〉詠小卿一套，其中也有「但常見酬歌買笑，誰再覷沽酒當壚。哎，青蚨，壓碎那茶藥琴棋筆硯書」的感慨，最後則更下了這樣的結論：「尋思兩個閑人物，判風月才人記取。將俊名兒雙漸行且權除，把俏字兒馮魁行暫時與。」這些都是雙漸蘇卿故事在現實擠迫下的

「變形」。至於朱庭玉〈雙調夜行船〉〈悔悟〉一套中「而今縱有雙秀才，誰是蘇卿」的疑問（註三二），更是清楚地揭穿了眞實。

當然，在愛情團圓的幻夢中，由於妓女的「情有獨鍾」，像浮梁茶客劉一郎這類可恨亦復可憐的商人，便不免於賠了夫人又折兵的命運了。但是「普天下虔婆那個不愛錢」（註三三），所以透過錢的牽合，商人獲致了老鴇的全力支持，〈紫雲庭〉第一折中，作者即是很巧妙地透過販茶船故事，表達了如是的情節：「我唱道那雙漸臨川令，他便腦袋下嫌聽。提起那馮員外，便望空裏助采聲。把個蘇媽媽便是上古賢人般敬。」而在老鴇、商人聯合陣線的壓迫下，文人角逐感情的唯一憑藉，似乎也只有妓女的相許了。然而從〈紫雲庭〉同折中，韓楚蘭卻也唱出了妓女這一行的本質：「俺家裏七八下里窩弓陷坑，你便有七步才，無錢也不許行，六藝全便休賣聰明。……俺這裏別是個三街市井，另置下二連等秤，恰好的教恁一分銀買一分情。」我們便不難明瞭，就連這一線希望恐怕也是繫在飄渺的幻夢中了。〈對玉梳〉第一折中「則理會的說響鈔共精銀，恁那之乎者也都休論」的明白揚言，更早注定了文人、妓女間感情的絕緣。〈救風塵〉是「普天下郎君領袖」關漢卿的社會寫實劇，在它的第一折中，當正旦趙盼兒爲安秀才保親時，一心待嫁與周舍的妓女宋引章不屑地說：「我嫁了安秀才呵，一對兒好打蓮花落。」這是元代文人在良賤戀愛故事模型之外的妓女心理描寫，卻也是我們在分析那些曲折感人的戀愛故事時，所不能不考慮的一條重要線索。

肆　結　語

鄭振鐸在他〈論元人所寫商人、士子、妓女間的三角戀愛〉一文中，曾作了如是的結論：

「這只是一個夢；這只是一場『團圓夢』。總之，這只是『戲』。在元這一代，士子們是那樣的被踐踏在統治者的鐵蹄之下。終元之世，他們不曾有過揚眉吐氣的時候。而因此，他們的『團圓夢』便更做得有聲有色。」（註三四）

其實除了團圓夢，功名夢又何嘗不然呢？然而儘管劇作家也都知道這種理想化的結局，終究只是一場場「曲終人散」的戲罷了。他們卻仍迫切需要這一份短暫而虛幻的滿足，來作爲現實長期積壓的舒緩與解脫。而如果說戲劇也能補充一些歷史的不足的話（註三五），那麼從元劇作家的幻夢，以及幻夢中襯底的現實投影，我們多少可以撫觸到那一個時代文人的遭遇與心聲。同時從這一類文人「自我表現」的劇本類型，我們不僅可以略溯到雜劇創作的一線動機，更能夠自其中探出一些雜劇分類，乃至衍流的消息。

【註　釋】

註　一　元人自滅金以後，僅在太宗九年（一二三七）舉行一次科舉，而後直到仁宗延祐二年（一三一五）才文恢復，其間相隔七十八年之久。不過，科舉雖經廢除，文人也仍有其他的進仕之道。問題在於元人所重乃實務人才，非傳統所取文藝之士。《元史》卷八十一〈選舉志〉載仁宗皇慶二年（一三一三）下詔舉行科舉，詔文中有云：「舉人宜以德行為首，試藝則以經術為先、詞章次之。浮華過實，朕所不取。」事實上即是此種政治態度的明白表示。

註　二　《錄鬼簿》中所載元劇前後期作家，大抵身分卑微。鍾嗣成自序所云：「余因暇日，緬懷古人，門第卑微，職位不振，高才博藝，俱有可錄，歲月彌久，湮沒無聞。」蓋可見一斑。而自其他文集所載杜仁傑的「善謔」、關漢卿的「滑稽佻達」、乃至白樸的「玩世滑稽」，亦可略窺劇作家遭時不遇的自嘲心態。

註　三　見明胡侍《眞珠船》卷四。

註　四　「本色」、「文詞」之說，見於明王驥德的《曲律》一書；「行家」、「名家」之論，則載於明臧晉叔的〈元曲選序〉。另外近人劉大杰《中國文學發展史》又分為關派、王派；青木正兒《中國文學概說》則標目為文采、本色兩派。

註　五　葉師慶炳即針對此種弊短，而自關目佈置、人物刻畫、及曲辭賓白各方面加以觀察，發表〈論元人雜劇的劇人之劇與詩人之劇〉一文，詳見《淡江學報》第九期。

註　六　見其《玉輪軒古典文學論集》中所收〈元人雜劇的本色派和文采派〉一文。

註　七　以上所引馬致遠雜劇，詳見《全元雜劇》初編四、五兩冊；散曲則收隋樹森所輯《全元散曲》上冊。

註　八　黃宗羲《明夷待訪錄》中，即如是以為：「古今之變，至秦一盡，至元又一盡。」

註　九　可參考李辰冬《文學與生活》一書第十二講論自然主義與理想主義。

註一〇　依羅錦堂《元雜劇本事考》一書的分類，戀愛劇共二十本，若再加上八本風情劇，則總計有二十八本之多。仕隱劇有二十一本，加上社會劇中〈范張雞黍〉，家庭劇中的〈剪髮待賓〉、〈陳母教子〉、〈舉案齊眉〉、〈破窰記〉，道釋劇中的〈黃粱夢〉等間有文人功名描寫的劇本，則爲數亦夥。

註一一　此外，馬致遠、鄭光祖一爲江浙行省務官、一爲杭州路吏，同屬《眞珠船》所謂「沉抑下僚、志不獲展」之輩，作爲元劇前後期詩人之劇的代表，也多少有著承傳連繫的意義。

註一二　白樸的〈梧桐雨〉與馬致遠的〈漢宮秋〉，是現存元劇中僅見的帝王戀曲，而又是戀愛劇中唯獨以悲劇收場的故事。俞大綱認爲這兩本雜劇有著明顯因襲的痕跡，詳見《戲劇縱橫談》中所收〈從另一角度看元雜劇梧桐雨和漢宮秋〉一文。

註一三　中國傳統文人涉足歌樓酒館的風流韻事，我們從唐宋人的詩詞中，可以得到充分的證明。而當時讀書人之所以能左右逢源於歡場之中，主要的原因便是科舉機會下前途的未可限量。到了元代，由於商業的蓬勃發展，妓女人數自是有增無已。而文人因爲仕進無路，卻喪失了一向的有利條件。所以當失志憤激的文人，一如傳統文人般投身歡場時，大部分人的遭遇、感受，是不難想像的。此段可參考李樹青《蛻變中的中國社會》所收〈士大夫的生活與妓女〉一文。

註一四　〈販茶船〉故事於元代之普遍流傳，陳萬鼐〈蘇小卿月夜販茶船雜劇拾零〉一文多所集錄，見〈故宮圖書季刊〉一卷三期，又齊曉楓《雙漸與蘇卿故事研究》（文史哲出版社）、李殿魁《雙漸蘇卿故事考》

（文史哲出版社），尤為完備，可參看。

註一五　明梅禹金〈青泥蓮花記〉載〈販茶船〉劇本事，有「小卿在茶船，月夜彈琵琶甚怨」之語。

註一六　〈紫雲庭〉一劇，今本只存曲文而無賓白，有否商人角色，無從窺知。至於〈百花亭〉中的高常彬，職司軍需買辦，鄭振鐸仍將之列入商人的一流。

註一七　在傳奇小說中，由於時代背景以及過渡性質的愛情關係，像〈鶯鶯傳〉、〈霍小玉傳〉等，都變成了女性愛情單方面的悲劇。此可參看李元貞〈元明愛情團圓劇的思想框架〉，文見《中外文學》十卷一期。

註一八　其他如〈紅梨花〉、〈碧桃花〉、〈符金錠〉、〈東牆記〉等戀愛劇中，男主角亦無不竭力賣弄他們的「七步才」。而女主角「好高才也」的傾心，往往便成了文人愛情如願的保障。

註一九　其實良家男女戀愛的劇本如〈破窰記〉、〈牆頭馬上〉、〈舉案齊眉〉、〈留鞋記〉等，也都經由女主角的口中，對世俗的偏見與歧視，予以駁斥痛擊。文人心態之一斑，由此也就可窺知了。

註二〇　即使如此，從李素蘭在被迫分手之後，主動邀約玉壺見面。玉壺雖心恨老鴇，數落之際，仍不忘「休要大驚小怪的，則怕那虔婆聽的。」足見劇中男主角面對壓迫的勇氣，仍嫌不足。事詳該劇第三折。

註二一　如〈曲江池〉第二折，可以說全折都是妓女對老鴇責怪控訴之詞。

註二二　或許良賤戀愛劇中士子、妓女的結合，一方面是戲劇美化人生的手段；而對士子來說，也必得如此，才能獲致抗衡力量的超越，以尋求愛情圓滿結局的虛幻滿足。劇作家筆下妓女的奔命不暇，其實即導源於現實中彼此的並未真正結合。

註二三　見該書第三章〈現存元人雜劇之分類〉第六節〈仕隱劇〉。

註二四　至少王實甫的〈破窰記〉也有著完全相同的命意；另外〈裴度還帶〉一劇亦然，不過作者經鄭騫〈元劇作者質疑〉考定為賈仲明，則屬晚出之作了。

註二五　羅氏分類仕隱劇之中，發跡變泰一項計十四本，扣掉劇中主角非文人、或文人色彩不明的劇本，其實也只剩〈凍蘇秦〉、〈漁樵記〉、〈王粲登樓〉、〈裴度還帶〉、〈薦福碑〉等數本了。而其中的四本都以模型方式出現，恐怕正因為劇中角色、情節，較能寄託元代劇作家的一致情緒。又〈破窰記〉、〈舉案齊眉〉一劇，羅氏歸之於家庭劇一類。

註二六　此類詩歌絕大多數為上場詩，唯曲白中偶有用及者，也同列於此，但不另外標明。

註二七　其實除了六本模型劇的俗套之外，其他如〈竹塢聽琴〉、〈圮橋進履〉、〈紅梨花〉、〈㑳梅香〉、〈倩女離魂〉諸劇，也都或多或少流露了借助外力的意圖。

註二八　就文人幻夢而言，戀愛劇中當然也往往摻雜著功名情節，但基本上它們還是以戀愛為主，與反映功名慾望的一些劇本，是有著本質的不同的。至於戀愛順遂之歸結於功名如意與否，則是著眼於現實的探討。所以本論文第二節將愛情、功名二者分列探索，第三節則以功名為分析之主線索。

註二九　收《全元散曲》下冊。

註三〇　同上。

註三一　同上。

註三二　周作收《全元散曲》上冊，朱作則錄於下冊。

註三三　見〈青衫淚〉第二折。

註三四　收《中國文學研究新編》一書。

註三五　近人胡雲翼在《中國文學常識》一書，即提出「小說是補歷史的缺陷而發生」的看法。而《清代通史》的作者蕭一山，則更公然以小說的描寫作爲敘述的佐證。從反映社會眞相的角度來看，戲劇也應作如是觀。

試論元雜劇體制對其結構之影響

——以關漢卿作品為例

壹　前　言

李漁在他的《閒情偶寄》一書中，就劇本創作的要件，提出了結構第一的主張，他並且舉例作了如下的說明：

「……工師之建宅亦然，基址初平，間架未立，先籌何處建廳、何方開戶，棟需何木、梁用何材。必俟成局了然，始可揮斤運斧。倘造成一架而後再籌一架，則便於前者，不便於後，勢必改而就之，未成先毀。猶之築舍道旁，兼數宅之匠資，不足供一廳一堂之用矣。故作傳奇者不宜卒急拈毫，袖手於前，始能疾書於後。有奇事，方有奇文。未有命題不佳，而能出其錦心、揚為繡口者也。嘗讀時髦所撰，惜其慘澹經營，用心良苦，而不得被管絃、副優孟者，非審音協律之難，而結構全部規模之未善也。」（註一）

這段「工師建宅」的譬喻，常為談論藝術結構的文藝理論著述所徵引，認為是古人關於結構方面最貼切、最形象的闡釋。不過在此要特別指出的是，這個被再三引用的譬喻，其實發端於劉勰的《文心雕龍》。在〈附會〉篇中，劉勰集中討論了藝術結構問題，他同時以「若築室之須基構，裁衣之待縫緝」，作爲「附會」一詞的說明。（註二）而後明代的王驥德也加以沿用，以爲作曲的人「以何意起、何意接、何意作中段敷衍、何意作後段收煞，整齊在目，而後可施結撰」，亦「猶造宮室者然」。（註三）

一般而論，結構是藝術構思活動、傳達活動的重要條件，也是作品成敗優劣的關鍵因素。《文心雕龍》對結構的專門討論（註四），可說代表了我國素來重視章法布局的藝術傳統。而如果界定在戲劇這一範疇之中，則要在有限的時空裏，表現完整的故事情節、描寫激烈的矛盾衝突、塑造鮮明的人物形象，結構便更有它不容忽視的地位了。也正因爲如此，所以雖然在我國文學史上，戲劇最屬晚出，卻終於還是由戲劇理論家而非詩、文、小說家，提出了「結構第一」的最強烈主張。

在提出「結構第一」主張的同時，李漁也如是說道：

「然傳奇一事也，其中義理，分爲三項，曲也、白也、穿插聯絡之關目也。元人所長者，止居其一，曲是也。白與關目，皆其所短。」（註五）

而王國維的《宋元戲曲考》一書，也再三指出元雜劇「最佳之處，不在其思想結構，而在其文章」，「關目之拙劣，所不問也」，「關目之拙，固不待言」。（註六）由李、王兩人的指陳，我們不難看出，在他們的心目中，元雜劇在結構方面，是明顯存在著問題的。

那麼，作爲中國戲劇的最早形式，元雜劇在結構上，究竟存在著什麼問題？而這些結構上的問題，是否都果如前人所言，負面的居多呢？這中間實在糾葛著相當多文學承遞上和觀念上的因素。不過近代的戲劇學者，卻有意無意的爲我們指出了一個値得深入探討的根本關鍵，那就是作爲一種民族的、綜合的藝術結晶，元雜劇前有所承的形成了它獨特的體制規律，而在演變的過程中，這套體制規律卻也同時決定了它的發展和局限。（註七）也因此，著手於元雜劇體制對其結構之影響的研究，從文學的形式與內容而言，正是元雜劇形式結構與內容結構彼此關聯的解析。而就戲劇史的角度來說，則是嘗試著由元雜劇的孕育，一併思考它的發展和局限。希望透過這樣一個課題的探索，我們能對中國戲劇最初呈現的特殊形貌，及其於本身與後來戲劇發展的影響，有一粗略而概括的認識。

依據統計，元人雜劇有目可考的，以今日而言，約有七百三十三種。（註八）而就羅錦堂《元雜劇本事考》一書的考訂，現存的元雜劇仍有一百六十一種之多。（註九）在可考的作家中，關漢卿大概是時代最早、作品最多、也最値得注意的一位了。

關氏的生卒年代，並不可詳考。但由金入元、爲元雜劇最早期作家的說法，顯然獲得了比較多的佐證與支持。（註一〇）胡適在〈再談關漢卿的年代〉一文中，曾經如此研判：「最早的雜劇（院本）大概是那些無名氏的作品」，他並且以爲「關漢卿的許多劇本之中，也許有許多是改削教坊院本的」。（註一一）雖屬推測之論，不過揆諸中國文學演變的公例，我們仍相信是那些沒沒無聞的民間藝人，繼承宋金雜劇院本的傳統，創造了新的戲劇形式。而後在關漢卿這類劇作家的參與推動之下，雜劇才能蓬勃發展，乃至蔚爲有元一代文學表徵的。鍾嗣成《錄鬼簿》列關漢卿於「前輩已死名公才人」之首，朱權的《太和正音譜》則謂其「初爲雜劇之始」（註一二），多少已見及於此。

另外，據馬廉《錄鬼簿新校注》所載，關漢卿作品總共有六十六種之多（註一三），約佔有目可考的元雜劇數量的十分之一。至於他現存的作品〈拜月亭〉、〈調風月〉、〈謝天香〉、〈救風塵〉、〈蝴蝶夢〉、〈金線池〉、〈竇娥冤〉、〈望江亭〉、〈緋衣夢〉、〈哭存孝〉、〈陳母教子〉、〈西蜀夢〉、〈單刀會〉、〈玉鏡臺〉計十四本（註一四），也同樣佔現存元人雜劇的十分之一左右。如此豐碩的創作數量，在中國戲劇史中，實是僅見的例子。更何況除了多產，關漢卿戲劇的藝術成就，亦早經前人論定。如王國維評論元曲家甲乙，即以年代及造詣，指之爲「元人第一」。（註一五）

作爲一篇小小的研究報告，全面檢視元雜劇作品，不只是事實上有其困難，而且不易尋求凝聚而具完整性的論證。基於前面的分析，所以我選擇關漢卿的作品，來作爲〈試論元雜劇體制對其結構之影響〉一文的析論例證。

貳　元雜劇體制的簡單說明

商韜在他的《論元代雜劇》一書中，討論元雜劇的戲劇結構，曾有如下的一段緒論：

「由於戲劇形式的特殊性，情節的結構也就具有不同於小說、敘事詩等敘事文學作品的特殊性。戲劇的表現手段基本是動作，……因此戲劇結構便把各種人物的動作組織在一起，使矛盾衝突的發生、發展、解決的全過程完整、統一地展現出來，以構成情節，完成人物性格成長的歷史。元雜劇除具有這一般的性質以外，它還有它的具體情況和特點。」（註一六）

不錯，戲劇的生命只有在舞臺上演出了才算完成。基於這樣的認知，我們可以說，文學劇本乃是戲劇綜合藝術的一個組成部分。它的體制、形式，都要受舞臺演出的制約。沒有這一特點，就不能完成由文學劇本到舞臺劇本的轉化。而所謂的舞臺演出，又是一定歷史發展階段的產物，不可能不受一定歷史條件的局限。鄭騫〈元人雜劇的結構〉一文即以爲，元人雜劇是中國戲劇的最初形式，又是從宋金說唱（如鼓子詞及諸宮調），以及簡單表演（如南宋官本雜劇和金人院本），轉變到正式戲劇的橋梁，所以他的體制結構極爲特殊。（註一七）究竟在如此的歷史條件下，元雜劇的體制有什麼特殊的呢？底下我們先引曾永義〈元雜劇體制規律的淵源與形成〉的一段文字說明：

「從現存元雜劇觀察，其體製規律非常嚴謹：每一單位叫做一本或一種。每本分四段，有時還可以加上一兩個『楔子』。劇本開頭有『總題』，結尾有『題目正名』。每段由一套北曲加上賓白和科範組成，有時在套曲中還用上插曲，在劇末另有『散場曲』。每段宮調大體一定，如首段必用仙呂宮；二段多數用南呂和正宮；三段、四段大致用中呂、雙調。套數的組織相當嚴密，那些曲牌該在前，那些曲牌該在後，那些必須連用，那些可以互相借宮，都有一定的規矩。每套曲限押一個韻部；一本四段更由一人獨唱到底，幾無變例，由正末獨唱的叫末本，正

旦獨唱的叫旦本。腳色除旦末兩行外，還有淨行。」（註一八）

這段文字極明白的將元雜劇的體制規律作了大致的勾勒。當然，為了詳考其淵源與形成，它又細分了四段、題目正名、四套不同宮調的北曲、一人獨唱全劇、賓白、科範、腳色，以及楔子、插曲、散場等十項構成因素。個人以為，如果只是著眼於對結構影響的探討，則元雜劇的體制，應該可以歸納為一本四折（有的另加楔子）及一人獨唱兩大方面。

雜劇的基本結構形式是一本四折，這和傳奇動輒數十齣的情形相比，剛好是一個強烈的對照。有關雜劇四折的由來，歷來頗多爭論（註一九），不過四折的基本形式，卻是沒有太大異議的。在現存的元雜劇中，只有〈趙氏孤兒〉、〈五侯宴〉、〈東牆記〉、〈降桑椹〉四種各有五折，其餘全是四折。然而元刊本〈趙氏孤兒〉亦僅四折，〈五侯宴〉等三種則皆非元人舊作（註二〇），多出的一折恐為明人所加。

而所謂的四折，說得更明白一點，那就是一個劇本運用不同宮調的四套曲子和穿插其間的科白，構成戲劇情節發展中的四個段落。為了保持結構上、風格上的和諧，同時避免歌唱與演奏的困擾，每套曲子必須同一宮調（註二一），其中曲牌的聯綴，大致有它的規矩，且每套曲限押一個韻部。

當然，只能在固定的四套曲子的範圍內，敷演一個戲劇故事，形式和內容的矛盾終歸是難免的。雜劇作家在運用這種劇本形式時，便於四折之前或折與折之間，另插一段關目，以展開或平衡情節，這就是楔子的產生了。不過在很多元雜劇裏，本來就有楔入的一段戲，但把它區分出來，使之成為具有相對獨立性的單位，而正式命以楔子的名稱，則是明代中葉以後選家刊刻元雜劇時的事了。依關尙智〈元雜劇楔子研究〉一文的統計，包括〈西廂記〉五本、〈西遊記〉六本的元雜劇一百七十本中，有一個楔子的計一百本，兩個楔子的則有十本，合共一百一十本，約佔百分之六十五弱（註二二），足見四折之外，楔子的存在，乃是一極普遍的事實。由於充當序幕或過場的作用，元雜劇的楔子通常只用〈仙呂端正好〉、〈仙呂賞花時〉或再加上〈么篇〉的一兩支單曲。也因此，它們大多不長，像〈百花亭〉的楔子，連曲詞帶賓白，甚至短到一百六十多個字而已。

另外，除了楔子的一兩支單曲之外，元曲四大套的音樂結構，還有散場曲和插曲的補足調劑。散場曲乃是附在雜劇劇尾的東西，有曲子，也有賓白科範。現存元雜劇中，〈單刀會〉、〈貶夜郎〉、〈東窗事犯〉、〈氣英布〉、〈倩女離魂〉五劇，在第四折套曲收尾後，都有與該折套曲同宮調而換韻、或者宮調及韻部俱不相同的兩三支曲子。如果依照它們完成劇情或另起餘波的作用來說，散場曲該是補套曲聯套方式的不足而產生的。至於插曲，則可說是套曲謹嚴結構中的一點調劑翻新了。所謂插曲，是在雜劇中某折套曲的中間或者前後，忽然插入的一兩支或三四支不等的曲子。在現存一百六十一種元劇中，有插曲的約二十四種。（註二三）插曲不必與本套同宮調、同韻部、也不限歌唱腳色。其內容有的和劇情有關，多數則純是打諢調謔而已。

在雜劇文學中，與上述套曲結構緊相聯繫的，是一本四折全由一種腳色獨唱的形式。由正末獨唱的叫「末本」，正旦獨唱的叫「旦本」，例外的作品極少。（註二四）這和傳奇人人皆唱的情形，也是大異其趣的。不過一種腳色獨唱是否即一人獨唱，卻一直是個爭議的論題。這種爭議的引發，主要來自主唱雜劇腳色的「改扮」。依葉師慶炳就《元曲選》及《元曲選外編》二書所收雜劇作品的一項分析統計，扣除〈西蜀夢〉、〈東牆記〉、〈西遊記〉、〈貨郎旦〉等十一本或因主唱腳色所扮劇中人交待不清、或因體制特殊甚至雜用明傳奇體制的劇本，二書所收雜劇尚有一百五十一本。而在這一百五十一本元人雜劇中，由正末或正旦扮演劇中人物一人到底的劇本，共有九十八本，約佔總數三分之二略少；正末或正旦扮演劇中人物因某種原因中途改扮他人的劇本，共有五十三本，約佔總數三分之一略多。（註二五）

改扮現象所引起勞逸不均、改扮的時間以及一個劇團不可能只有一個主角演員的諸般疑問，使得周貽白、徐扶明和葉師慶炳等人，傾向於元雜劇四折由一個腳色獨唱而不計人數的主張。（註二六）而針對同樣的問題，曾永義、金文京等則以爲勞逸、改扮，其實是雜劇全體的問題，不僅是主角扮演不同人物時才會發生的。同時，元雜劇的搬演，每折間事實上參合著雜耍表演，這對主唱腳色來說，自然提供了休息和改扮的時間。至於劇團演員的問題，據〈藍采和〉雜劇和南戲〈宦門子弟錯立身〉的劇情，可知當時的劇團一般都由一個中心演員及其家族成員組成，規模大概不會很大。更何況如元刊雜劇〈薛仁貴〉，正末在楔子扮薛大伯，首折扮杜如晦、次折扮孛老、三折扮拔禾，第四折則云「重扮孛老」；其他如《元曲選》中的〈張生煮海〉、〈黃粱夢〉、〈柳毅傳書〉、〈碧桃花〉等劇，也再三提及「改扮高太尉」、「改扮電母」、「改扮嬤嬤」，足見元雜劇中各折主唱人物雖有不同，

而俱由同一正末或正旦扮演則無可疑。（註二七）

另外，依林明珠〈元雜劇主唱者腳色初探〉一文的分析，元雜劇「主唱者」在劇中以扮飾一位主要人物並任唱四折為多數；而即使主唱者在劇中扮飾一位以上人物，也仍是以一位主要人物為焦點。至於那些搭配的人物，則大多份量較輕，任唱的折數往往以一折為限、且多屬旁觀敘述的成分。（註二八）當然，在版本既經增刪竄改、而相關資料又不夠齊整的情形下，元雜劇四折是否百分之百由「一人」主唱，自難斷言。不過從以上的分析看來，至少一人「主唱」的說法，卻是百分之百沒有問題的。

這種一人主唱的形式，雖然已由敘述改為戲劇妝扮的代言體，但歸根究柢，它來自傳統講唱文學的淵源，仍是無可疑議的。（註二九）其實除此之外，元雜劇中的上下場詩、自報家門、以及詩讚詞等屬於賓白的種類，也同樣有著來自講唱文學的影響。

正是一本四折和與之緊密聯繫的一人主唱，構成了元雜劇最基本而特殊的體制形式。

叁　元雜劇體制對其結構之影響

我們都知道，在文學創作中，內容固可決定形式，形式卻也同樣會左右內容。從前面一節的分析介紹，我們了解元雜劇除了具備著戲劇不同於其他文體的一般性質，也建構了作為特定時空之下劇種的特殊體制。說得更具體一點，那就意謂著在元雜劇的劇本中，所有情節的安排處理，都必須納入上述一本四折和一人主唱的形式規範裏。而這樣一種明顯、特殊的體制形式，自然有它的強制性和局限性。那麼，究竟在它的規範之下，元雜劇會有什麼必然的傾向、又有什麼不可避免的束縛呢？底下就嘗試著略論一二：

一、呈現自由時空的點線結構

首先我們要知道，生活裏的任何一件事情，都是在一定時間、空間中進行的。時間、空間是物質運動存在的形式，戲劇舞台上的事件、情節，也是如此。所以，如何處理戲劇舞台上的時間、空間，對於戲劇結構，實在有著極重要的關係。就中西演劇史來看，舞台時、空的基本處理方法，一是分幕的形式，那就是把舞台當作相對固定的空間，採取以景分場的辦法，截取生活的橫斷面，把一切戲劇糾葛都放到這個特定場景中來表現、來發展、來解決。在同一場中，情節的延續時間，要求使觀眾感到與實際演出時間大體一致。至於時間的跨越，則在場與場的間歇中度過。另一種則是把舞台當作流動的空間，讓戲劇情節在舞台上連續不斷的展開，由此帶來的一個特點是：景隨情變。舞台時間的處理與分幕形式基本相同，這就是通常所說的分場的形式。（註三〇）

相對於分幕形式的固定性，以及分場形式的流動性，我國傳統戲曲所呈現的則是一種超脫性的連場戲。它與分場形式較相似，不過戲曲中在同一場可以改變地點，甚至在同一舞台上，可以既是這裏、又是那裏的場面，與分場戲仍是一場一景的結構，還是有所不同的。而這種連場戲，事實上在元雜劇中便已如此。它一直影響到後世各種戲曲，成為我國民族戲曲的一個顯著特點。

連場戲的表演，當然是唐宋以來民間歌舞小戲廣場演出形式的沿襲（註三一），不過它與元雜劇的體制也大有關聯。前面己提及雜劇套曲結構與情節內容的某種程度的矛盾，楔子的出現，便代表著雜劇作家在嚴謹結構中獲致迴旋餘地的努力。而如果就此角度來說，傳統連場演出形式的納入雜劇體系，不也說明了雜劇作家兼顧嚴謹音樂結構的同時，所作的另一種根本性突破發展嗎？因為這樣一來，場子變成元雜劇的最基本結構。場景（時間、地點）隨時變化，相應的故事情節自然便能迅速轉換了。以關漢卿劇作為例，譬如說〈金線池〉第一折只有一個場景：杜家妓院，〈切鱠旦〉第一折有兩個場景：清安觀觀內和觀外，〈竇娥冤〉第一折則有四個場景：蔡婆婆家、賽盧醫藥舖、從藥舖到庄上的荒僻所在、蔡婆婆家。（註三二）在同樣一套的音樂結構中，卻可以有一到四不同的場次安排，完全隨劇情而轉移。

另外，從雜劇一人主唱全部四折，以及上下場詩、自報家門等第三者旁述的形式，乃至雜劇中尚未轉化徹底的敘述口吻等等，我們當然了解元雜劇來自講唱文學、尤其是諸宮調方面的重大影響。董解元〈西廂記諸宮調〉與王實甫〈西廂記〉雜劇的比較，或許正可以說明這種繼承發展的關係。所不同的，一是借說唱詠敘故事，一是通過舞台表演來扮演故事而已。如果四折四套曲是元雜劇的主體架構，那麼，吉川幸次郎所說「雜劇的職責是把『說話』所創造的新奇故事，用歌辭來加以再表現」

（註三三），也就不爲過了。

值得討論的是，講唱藝術以說書者夾敘夾唱的方式進行，可連貫述說完整之故事而不必拘限於時空的特殊考量。中國戲劇在此基礎上演化形成，必然會循此方向，尋求舞台表演上本質的契合。沈堯〈戲曲結構的美學特徵〉一文即指出：

「民間講唱文學反映生活與傳統的繪畫、建築藝術一樣，也是俯瞰全局，從事物發展的全過程來掌握它的前因後果和起伏變化的。所以，在情節的安排、布局上，歷來注意有頭有尾、有開有合。既要把來龍去脈交代清楚，又要突出重點，大加渲染，線與點的關係十分清楚。戲曲藝術繼承了這一傳統，在結構上同樣是以一條主線作爲劇情的中軸線，並且圍繞這條中軸線，安排容量不同的場子——大場子、小場子、過場，形成縱向發展的點線分明的組合形式。」（註三四）

沈堯認爲雜劇、傳奇的戲劇結構受到音樂結構的限制，表現衝突和刻畫人物往往很難充分。一直要到梆子、皮黃戲的板式變化體，才打破了曲牌聯套的規制，徹底解決了戲劇結構與音樂結構的矛盾，完成點線的有機組合。其實如果不苛求音樂結構的完全貼切於整體戲劇結構，則元雜劇中呈現自由時空的連場戲，就已經是一種清楚的點線結構了。底下試將〈竇娥冤〉一劇四折的套曲、場次和情節大要作一表列，以略窺其結構：

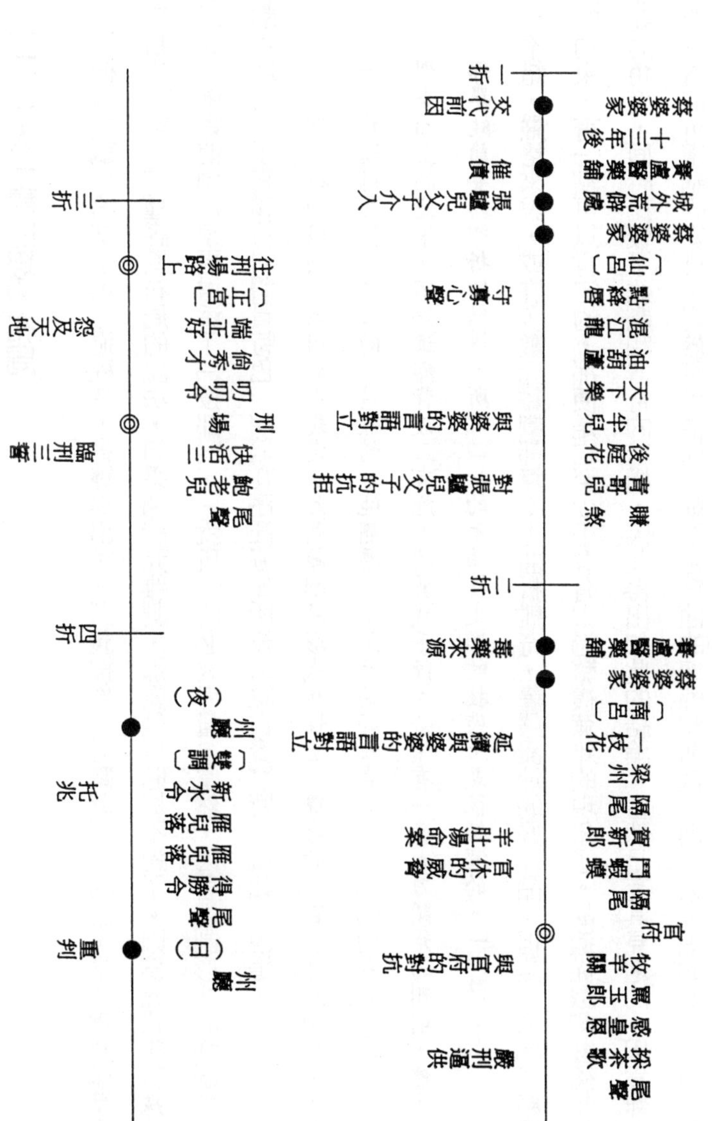

從上面簡單的表列，很明顯可以看到，透過時空自由變化的場次安排，〈竇娥冤〉的戲劇情節就在冤屈形成、發展、解決的主線上，一路連續的展開，這不也是一種標準的「點線結構」嗎？而隨著

情節的演變，作者更賦予了各個場次不同的戲劇強度。如果進一止觀察的話，這種強度與曲套的運用，似已存在著某種程度的關聯了。

二、一人一事的經濟布局

陸機〈文賦〉論文學創作過程時，曾經提出了「選義按部，考辭就班」的話，來作為整個藝術構思活動的綰結。這種謀篇布局的說法，如果加諸元雜劇，那眞是再貼切不過了。因爲元雜劇特殊的體制形式，確實使劇作家更增添了「按部」、「就班」的必要考量。當然，因著體制形式的強制性，元雜劇也就衍生了它獨特的體質特色。胡適在序汪協如所校《綴白裘》時，就如此說道：

「這個四折的限制，無形之中規定了元朝雜劇的形式和性質。現存的一百多部元曲之中，沒有一部的題材是繁重複雜的。這樣的單純簡要，不是元曲的短處，正是他們的長處。我們只看見那表面上的簡單，不知道那背後正有絕大的剪裁手段：必須有一番大刀闊斧的刪削，然後能有那單純簡要的四折的結構。所以四折的元曲在文學的技術上是很經濟的。」（註三五）

不錯，嚴格來說，或許多數元雜劇都算不上曲折離奇，謹嚴凝煉的好作品，但是，通過了精簡形式的約束，有一點可以肯定的，那便是它至少不會有太過繁複蕪雜的現象了。胡適從戲劇藝術和舞台需要的角度，同時比較了雜劇和傳奇的結構，因此得出如此的結論，當然是有其見地的。因為雜劇創作要考慮四折體制的安排，對於戲劇情節，就要更精簡的熔煉和剪裁。而一人主唱的形式，也必然會導致劇作家集中筆力於一個主要角色的刻畫。張庚在《中國戲曲通史》中便說：

「北雜劇四折一楔子、一人主唱的體制，對雜劇創作提出來一個根本的要求，即必須做到最大的精煉。盡量刪削枝蔓，突出主線，把劇情發展集中到主要人物身上來。」（註三六）

這種突出主線、集中刻畫的情節安排，其實也就是李漁主張的「一人一事」結構原則：

「一本戲中，有無數人名，究竟俱屬陪賓。原其初心，止爲一人而設。即此一人之身，自始至終，離合悲歡，中具無限情由、無窮關目，究竟俱屬衍文。原其初心，又止爲一事而設。此一人一事，即作傳奇之主腦也。」（註三七）

由以上的舉證，我們可以說，李漁「一人一事」的結構原則，在元雜劇的體制中，恰好得到了最充分的發揮。譬如說元雜劇的題目正名，一般乃用來介紹劇本，點出重點關目並表明傾向的。我們試舉關漢卿的十四本劇名如下：〈關大王獨赴單刀會〉、〈關張雙赴西蜀夢〉、〈閨怨佳人拜月亭〉、〈詐妮子調風月〉、〈感天動地竇娥冤〉、〈杜蕊娘智賞金線池〉、〈望江亭中秋切鱠旦〉、〈溫太眞玉鏡台〉、〈趙盼兒風月救風塵〉、〈王閏香夜月四春園〉、〈錢大尹智寵謝天香〉、〈包待制三勘蝴蝶夢〉、〈狀元堂陳母教子〉、〈鄧夫人苦痛哭存孝〉，這些劇名的擬訂，很明顯便是由一人一事聯綴而成的。

另外，我們還可以舉〈救風塵〉爲例，來說明「一人一事」的劇本結構原則。這個劇本寫的是老於風塵的妓女趙盼兒，仗義搭救姊妹淘宋引章的故事。在第一折中，宋引章與安秀實、周舍三者之間複雜的感情糾葛，乃是整個劇本的引題。關漢卿充分掌握了趙盼兒這個角色，透過她的穿針引線，不枝不蔓的便將一件三角戀愛的糾雜演變，作了完整的交代。第二折，宋引章、周舍的婚事，很快起了變化。很明顯的，這種劇情急轉直下的安排，充分見出了劇作家不旁生枝節，直接導入主題的功力。第三折充分描寫妓女自救的手段，一方面迴映風塵中相濡以沫的深沈悲哀，一方面寫出「救」風塵的劇本主旨。第四折則延續「救」的行爲，同時並作了團圓的收場。如果說體制的強制性與局限性，使得「躬踐排場」的關漢卿特別領略了「集中」的結構手法（註三八），那麼，主線的集中、角色的集中，無疑的便是〈救風塵〉一劇成功的主因了。

其實正如〈救風塵〉一劇塑造了練達俠義的趙盼兒，在旦本戲爲主的其他劇本裏，堅貞執拗的竇娥、痴情善良的王瑞蘭、聰慧勇敢的燕燕、幹練機智的譚記兒、明智堅強的謝天香、眞情感人的杜蕊娘，乃至〈蝴蝶夢〉裏賢淑明理的王母，莫不成了人人津津樂道的元劇角色，這不也是元雜劇一人一事經濟布局的有力佐證嗎？

不過在強調一人一事經濟布局的同時，我們也必須知道，一人主唱的體制，曲文在感情的表現上，便不太可能有二元或多元的對稱效果。這對元雜劇的結構，當然是有其負面影響的。受限於所謂的末本、旦本，男女主角之一的當事人，往往只有點綴性的對白，這又如何能收強化角色、深化劇情的作用呢？關劇中，甚至如〈單刀會〉貫串全劇的魯肅、〈玉鏡台〉被騙婚配的倩英、〈救風塵〉與趙盼兒對手的周舍，以及〈哭存孝〉冤死的李存孝等角色，也都不能有一點曲文搭配，則一人主唱體制於戲劇情節展現的局限，自是無以否認的。

三、強烈抒情傾向的結構特質

戲劇中的語言，是人物交流思想、抒發感情的主要工具；也是作者創造形象、展開情節、體現主題的基本材料。元雜劇由曲、科、白所組成，其中曲和白即是戲劇語言的部分。一般來說，曲白的相生相成，固然串織、表現了雜劇的情節與主題；不過在討論戲劇語言的時候，必先了解元雜劇最基本而主要的架構，事實上仍在於它那套由曲文構成的四折體制。而元雜劇的曲辭，由於大量運用襯字、疊字疊韻、狀聲字，以及俗語、成語和諺語，較之詩詞，可說充分顯現了「漸近人情」的明白活潑。（註三九）所以就廣義來說，它是傳統詩歌的一種，但它又不同於一般的詩，而是具有戲劇性的詩。這種雙重性的材質，自然會反映於由它主構的戲劇之上。蘇國榮論劇詩的風格特色時，曾如是指出：

> 「『詩言志』是我們詩歌的理論核心。劇詩作爲詩的一種，當然也受到了它的制約。所謂『言志』，就是『言情』，這一點湯顯祖在〈董解元西廂記題辭〉中說得很明確：『志也者，情也。』詩的『言志』說和詩的『模仿』說，是中西戲劇反映生活的兩種不同方法，由此形成了『情眞』和『形眞』的兩種不同風格，前者側重在動作的內在美，後者側重在動作的外在美：殊途同歸，二者都達到了眞實地反映生活的目的。」（註四〇）

相對於傳奇之可以對唱、合唱、輪唱，元雜劇四折全由一人主唱的「獨白」式抒發，誠如王驥德所云：「一人主唱，則意可舒展」。（註四一）因爲透過劇中主要人物，在全劇情節發展的重點地方，連續唱套曲，自然能充分發抒人物的心聲，層次分明的展現人物感情的發展過程。我們且看〈單刀會〉第四折中的這一段文字：

（正云）看了這大江，是一派好水也呵。（唱）

（雙調新水令）大江東去浪千疊，引著這數十人，駕著這小舟一葉。不比九重龍鳳闕，這正是千丈虎狼穴。大丈夫心別，來來來，我覷的單刀會似賽村會社。（云）好一派江景也呵。（唱）

（駐馬聽）水湧山疊，年少周郎何處也。不覺的灰飛煙滅，可憐黃蓋轉傷嗟。破曹的檣櫓當時絕，鏖兵的江水猶然熱，好交我心慘切。（云）這也不是江水。（唱）二十年流不盡的英雄血。

就在赴會江中，作者透過獨白引起的兩支曲文，將關大王悲涼感慨、正氣凜然的心境，淋漓酣暢的作了抒發。又如〈竇娥冤〉第三折：

（正宮端正好）沒來由犯王法，葫蘆提遭刑憲。叫聲屈動地驚天，我將天地合埋怨。天也，你不與人爲方便。

（滾繡球）有日月朝暮顯，有山河今古監。天也，卻不把清濁分辨，可知道錯看了盜跖顏淵。有德的受貧窮更命短，造惡的享富貴又壽延。天也，做得箇怕硬欺軟不想天地也順水推船。地也，你不分好歹難爲地。天也，我今日負屈銜冤哀告天，空教我獨語獨言。

經歷了喪母、質押、喪夫的生活折磨，也連番遭受了無賴與官府的逼迫凌辱，滿腔悲憤卻又告訴無門的竇娥，忍不住在臨刑前要怨及天地了。關劇中，這種眞情流露的曲文，他如〈救風塵〉第一折趙盼兒對妓女生涯的深沈省思、〈切鱠旦〉第一折譚記兒守寡生活的委婉悲嘆、〈調風月〉第二折燕燕被騙後的傷心決裂、〈雙赴夢〉第四折張飛死而為鬼的感慨怨嗟等等，可說所在多有。而這種「側重動作內在美」的曲文，除了突出「一人」的角色布局、強化「點」線結構之外，在戲劇情節的發展上，它當然還有值得一提的地方。吉川幸次郎即以爲：

「這類歌曲的文字，大都表白歌者的心理，而直接訴之於聽眾，並不訴之於舞台上的人物。只有在所謂『曲白相生』的情形之下，偶爾歌辭也採用對話的形式，但這並不是雜劇的原則。歌辭可說是一種獨白，至於賓白部分，也可以自由插入獨白。要之，即使不用動作與對話來表示，只用獨白與歌曲，也足以推行雜劇的故事。」（註四二）

從這段文字試作推論，首先，只用「獨白與歌曲」，亦即劇中主角內心世界的轉折，即足以推展故事。換言之，在元雜劇的演出中，故事「往往耳熟能詳的居多」，只供作背景，聽眾主要是聽演員如何運用歌曲來抒情。正因如此，劇作家經營劇本時，對感情起伏發展線索的考量，大概就要超乎故事情節的費心了。關劇中固然也有像〈竇娥冤〉、〈救風塵〉、〈拜月亭〉等關目與曲俱佳的劇本；但如〈單刀會〉、〈雙赴夢〉，儘管曲文發抒筆墨酣暢，就結構的角度來看，卻不能謂爲無病了。其次，這種「長於抒情，弱於敘事」的戲劇特色（註四三），由寫意時間造成類似「特寫」、「放大」的細節處理（註四四），不可避免的會緩慢了故事情節進行的節奏。另外，值得注意的是，曲辭「大都表白歌者的心理，而直接訴之於聽衆，並不訴之於舞台上的人物」，則是演員與聽衆的關係密而角色間的互動反少，情節的銜接組織自然不夠緊湊了。及至一些詩人屬性更強的劇作家，將演員↓聽衆轉變爲作者↓聽衆的另一種關係，劇本既只是作者本身抒情的工具，其情節結構便非考量的關鍵了。（註四五）

四、起承轉合的模式結構

大凡人世間的每件事物都總有其發展過程，而此一發展過程，總括來說，大致不出肇端興起、強化發展、高潮轉化、結束收煞四階段。詩文創作，於理亦然。其中律絕可區劃爲四等分的結構，更是與此深相契合，所以古人討論詩文創作，往往舉起、承、轉、合四字，作爲這一共通過程的解說。（註四六）至於元雜劇，四套的體制，也同樣具備了沿用起、承、轉、合結構原則的方便；而一人主唱的音樂局限，更使劇作家樂見於這樣的方便。沈堯〈戲曲藝術的特殊綜合歷程〉一文有云：

「一人主唱要受到聲樂藝術的物質條件的限制，要求在最經濟的時間裏，充分發揮聲樂器官的功能。因此，它把套曲串連的辦法運用於戲劇演出時，遂以開展戲劇衝突的最低極限——矛盾的起承轉合爲基礎，形成北曲四大套的音樂結構，反映在文學上就是四折一楔子的戲劇結構。」（註四七）

正是因著體制形式的因素，元雜劇結構的安排，便大多數形成了起承轉合的刻板形式，劇情發展以單線展延爲主，缺少逆轉、懸宕的變化。吉川幸次郎曾分析元雜劇情節的進行如下：

「首先在第一折裡，準備構成全劇高潮所必需的題材，同時給予最初的小高潮，如只用一折無法準備必需的題材時，便在第一折前面置一個楔子加以補足。其次到了第二折，把第一折已構成的小高潮再予加強，在這一折裡，往往點出插話式的情節，以爲加強高潮的手段。再其次到了第三折，可說是全劇的中心，全劇的情節到這一折，經常達到了最高潮，同時也在這裡，伏下了解決高潮的端緒。最後，到了第四折，高潮降低，恢復平靜，全部情節便告終結。」（註四八）

底下我們且試列表分析關漢卿十四種劇作的情節進行：

劇名	一折	二折	三折	四折
拜月亭① 旦本	楔子：敘兵亂爲背景介紹 蔣世隆、瑞蓮兄妹和王瑞蘭母女各相失散。世隆、瑞蘭巧遇，扶持同行。	瑞蓮亦與王母結伴。男女主角旅店結爲夫婦。世隆臥病，王父經此，強令分手。	女主角思念情切，拜月禱祝，與瑞蓮相認，共嘆造化。	男主角狀元及第，義弟亦舉武狀元，王尚書爲二女招親，真相始明，全家團聚。
調風月② 旦本	婢女燕燕奉主命服侍客人小千戶，彼此歡愛而外人不知。	小千戶郊遊遇官家女，互通情意，獲絲帕之贈。燕燕察知，滿腔怨憤。	燕燕銜命提親，雖極力破壞，而終不成。	燕燕借題咒罵，最後勉強答應爲小。

竇娥冤③ 旦本	竇娥身世介紹	羊肚湯事件，竇娥被嚴刑拷掠。	臨刑三誓。	竇天章察訪冤案，竇娥托夢訴冤，平反。
救風塵④ 旦本	妓女宋引章移情別戀，棄秀才安秀實，嫁官家子弟周舍。	婚事生變，引章求救。	妓女自救。趙盼兒仗義計救引章。	延續救援行為，巧妙作圓滿收場。
切鱠旦⑤ 旦本	白士中赴任途中，經其姑清安觀主設計作合，與新寡之譚記兒結為夫妻。	楊衙內欲納譚為妾，事既不成，銜恨請勢劍金牌文書，將往斬士中。	譚記兒扮漁婦，切鱠計騙。	衙內反受罪削職。圓滿收場。
金線池⑥ 旦本	楔子 韓輔臣與妓女杜蕊娘初遇定情。 老鴇作梗，驅趕韓輔臣。杜蕊娘自嘆娼門苦楚。	彼此誤會。杜蕊娘不理韓輔臣。	金線池宴聚，杜蕊娘酒後見真情。	借友人濟南府尹石敏之助，兩人釋嫌重聚。

⑦蝴蝶夢 旦本	楔子 王家一家上場 王父爲權豪葛彪打死，王家三兄弟爲父報仇。	以蝴蝶夢啓示，包公有感王母犧牲親子、護持前家兒之心，決意協助。	王母探獄悲情，王大、王二獲釋，作別王三。	包公巧計瓜代，又釋王三，全家團聚。
⑧謝天香 旦本	楔子 柳永與妓女謝天香作伴。 柳欲上京赴考，求新官知友錢大尹代爲照拂。	錢大尹將謝天香樂籍除名，佯收爲妾。	天香深居宅院三年，不解錢大尹用意。	柳永狀元及第，謎題解開，夫妻終得團圓。
⑨玉鏡台 末本	翰林學士溫嶠奉姑母命，教表妹倩英習字操琴。	姑母託代擇佳婿，溫嶠設計以御賜玉鏡台爲聘。	倩英以溫嶠騙婚，又嫌其年老，不許親近。	嶠及王府尹設宴，倩英欣賞嶠之詩情，夫妻因諧。
⑩四春園 旦本	王員外因李家家道中落而悔婚。李慶安、王閏香因風箏巧遇。閏香欲以財物助李，約期再會。	強人裴炎因隙夜闖，殺害梅香。慶安被告，因所救蒼蠅之助，錢大尹請夢於神，得知真兇。	（正旦改扮）智定兇嫌。	因錢大尹協助，團圓收場。

⑪哭存孝 旦本	李克用義子李存孝因李存信、康君立之讒，往鎮邢州險地。	二人又詐旨命存孝改回本名，並譖之於李克用，克用因酒殺之。	（正旦改扮）小卒回報劉夫人，劉夫人哭念存孝。	真相大白，二奸人被殺。
⑫陳母教子 旦本	楔子 一家上場，大末應舉。 大末狀元及第而返，二末亦赴考得中狀元，三末亦應舉而去。	因誤報，陳家得識新科狀元王拱辰，並成婚配，三末僅中探花而回。	陳母生辰，三末受激再赴考，亦得狀元。	一家封賞。
⑬單刀會 末本	（正末扮喬國公）魯肅與喬國公一問一答，全以關羽為題。	（正末扮司馬徽）魯肅與司馬徽一問一答，亦以關羽為題。	（正末扮關羽）關公受書。	（正末扮關羽）單刀赴會。
⑭雙赴夢 末本	（正末扮劉備？）點出關張遇害。	（正末扮諸葛亮）為免增劉備思弟之情，諸葛亮隱瞞不祥星象。	（正末扮張飛）關張鬼魂相遇。	（正末扮張飛）人鬼相會，報仇。

以上表列，由〈拜月亭〉至〈救風塵〉四劇，故事性都極濃厚，且在起承轉合的模式中，第四折仍能再添變化或提振筆力而後作結。〈切鱠旦〉、〈金線池〉、〈蝴蝶夢〉三劇則故事性亦強，也都屬於此一模式。另外，〈謝天香〉、〈玉鏡台〉二劇，情節單純，起落幅度不大，第三折的高潮，強度稍嫌不足；〈四春園〉、〈哭存孝〉二劇，第二折似乎過於冗長複雜，第三折正旦反而被迫改扮他人，筆力因之不能持續高漲。不過基本上說，它們仍是朝著起承轉合的模式在發展的。至於〈陳母教子〉一劇，全劇如流水帳般平鋪直敘，那就根本談不上承轉了。而比較特殊的要算〈單刀會〉和〈雙赴夢〉了，第一、二折虛寫，是準備階段，第三折主角才正式登場，第四折則以高潮收場。

索羅金在〈元雜劇藝術結構形成的幾個問題〉中，指出七〇%元曲內劇情進展方式符合於「起承轉合」這個公式，其餘三〇%或者是題材不夠集中，或者是沒有明顯的高峰。（註四九）其實依索氏所言，另外的三〇%或許是比較失敗的作品，不過作家在創作時，心中恐怕還是有個起承轉合的模子的。以關漢卿的才情，我們尚且不太能看出跳脫公式的用心，則此一公式於元劇作家的框架，也就可想而知了。而如果再進一步從內容分析，元雜劇公案、度脫、戀愛、水滸等各種類型的劇本，往往呈現出主要情節的蹈襲雷同（註五〇），那便不僅是涉及劇情進展方式，甚至已多少影響到劇情本身了。

五、遷就形式的填塞雜湊

元雜劇一本四折和一人主唱的體制，除了從本質上全面影響到它本身的結構之外，對部分的個別劇本而言，或許因爲故事性的不足，也或許爲了角色設計、情節安排的難以集中，更不可避免的衍生了旁生枝節、雜湊亂套的明顯弊端。譬如說〈單刀會〉的前二折，就因此引發了見仁見智的討論。（註五一）從類似說唱的角度而言，前二折喬國公、司馬徽的敘述，確實以關羽的「虛出」方式，爲後半段做好了準備工作。但自情節安排來說，前二折的失之拖沓，導致全劇結構的鬆散，影響了人物塑造和演出效果；而長時間的敘述取代了人物自身的動作，也使戲劇模糊了本身的藝術特點。這從舞台上演出〈單刀會〉，「一般只演第三折『訓子』及第四折『刀會』，而很少演一、二兩折」（註五二），就可以想見了。我們且舉第一折的部分內容看看：

（油葫蘆）你道他弟兄雖多軍將少。（云）大夫，你知博望燒屯那一事麼？（魯云）小官不知，老相公試說咱。（末唱）赤緊的把夏侯敦先困了。（云）這隔江鬥智你知麼？（魯云）隔江鬥智，小官便知道，不得詳細，老相公試說咱。（末唱）周瑜和蔣幹是布衣交，股肱臣諸葛施韜略，苦肉計黃蓋添糧草。（云）赤壁鏖兵那場好廝殺也。（魯云）小官知道，老相公再說一遍則。……

（唱）那軍多半向火內燒，三停來水上漂。若不是天交有道伐無道，這其間吳國亦屬曹。……

（云）收西川一事，我說與你聽。（魯云）收西川一事，我不得知，你試說一遍。（末唱）

（哪吒令）收西川白帝城，將周瑜送了。漢江邊張翼德把屍靈來當著，舡頭上魯大夫險幾乎間諕倒。將西蜀地面來爭，關雲長聽的又鬧，他可敢亂下風雹。

底下還借「他便有甚本事」、「你細說關公威猛如何」、「比當日曹公在灞陵橋上三條計如何」

幾問，引出了〈鵲踏枝〉、〈金盞兒〉、〈尾聲〉的大段唱曲，整個便以如此一問一答堆疊成了第一折。其後甚至到了高潮兼收煞的第四折，也都還有這種塡塞的方式。另外，又如〈玉鏡台〉第一折，由「我先將這得志的說一遍則箇」、「卻說那不得志的也有一等」、「自古來有德的好難說也呵」三點，便鋪排了〈點絳唇〉以下八支曲的一整個套子；〈謝天香〉第四折，正末「大姊，我去之後，你怎生到得相公府中，試說一遍」的問詞，也引發了〈哨遍〉、〈耍孩兒〉、〈二煞〉三支曲子的覆述。凡此諸例，都明顯反映了元雜劇一本四折、一折一套曲的限制下，部分劇本勉力湊足的弊端。

當然，除了套曲的限制外，一人主唱致使相關角色不能各具分量以組織並鋪展劇情，也有著相當的關聯。〈四春園〉第三折，依劇情發展，王閏香暫時不必出場，而正旦臨時改扮的茶三婆，事實只扮演了穿針引線的工作，原本該有的高潮力量便大大減弱了。而〈哭存孝〉第三折，由正旦改扮的小番莽古歹回報李存孝的死訊，在類似一問一答的劇情安排，也顯然無法凝聚空前感人的力量。徐扶明《元代雜劇藝術》一書便如是以爲：

「再者，有些元雜劇作家，爲了遷就一種腳色主唱，往往在劇中硬加人物、硬湊情節。如〈哭存孝〉第一、二、四折，都是李存孝的妻子正旦鄧夫人主唱，而第三折卻插入一個正旦莽古歹，向劉夫人報告李存孝的死況，主唱一個套曲。當然，文學作品可以容許間接描寫。但此劇作者花了整整一折的篇幅，間接描寫李存孝之死，未免有些浪費。而劇中重要人物李存孝，直到死時，竟還沒有能夠通過大段歌唱，申訴自己的痛苦和憤懣。」（註五三）

以關漢卿之尙且不免於弊，則元雜劇體制對其結構的限制，便不難明白了。無怪如「細數古來得志不得志兩種人」與「探子回報」的情節模式，在往後的元雜劇中，再三蹈襲，幾於要泛濫成災了。（註五四）而它們在結構上造成的重複、冗長，乃至把事件導向不必要方向的負面影響，無論如何是無法否認的。

肆　結　論

以上我們以關漢卿的作品，集中分析了元雜劇體制對其結構的影響。從體制形式的強制性與局限性，我們清楚的看到它們在元雜劇結構上孕育了特色，也形成了弊害，從而對元雜劇本身、乃至整個民族戲曲，產生了明顯而源遠流長的影響。茲再略論如下：

首先，呈現自由時空的點線結構，使得中國戲劇一開始，便不從如何克服、而是就如何全面超越舞台的時空局限去考量。由雜劇謹嚴的四折體制，經傳奇較自由的分齣形式，而後到梆子、皮簧的板腔體音樂，原本元雜劇中戲劇結構與音樂結構的某些矛盾，終於消除而形成了更緊密的有機組合。但無論如何，在這一系列的演變裏，連場戲呈現自由時空的點線結構，卻一直被保留著蔚爲一明顯的民族戲曲特色。

其次，一人一事的經濟布局，雖然欠缺了二元或多元對應的變化，不過隨著一人主唱形式的突破，在傳統以唱腔、表演爲主而不重故事敷演的戲曲舞台上，它仍充分發揮了具有特色而又易於掌握的作用。

另外，所謂「人，情種也。人而無情，不至於人矣。」「劇場即一世界，世界只一情」（註五五），基於如此對人的理性認識，我國戲曲表演，一向側重於人物內心世界的盡情抒發。然則元雜劇強烈抒情傾向的結構特質，無疑奠定了以「情眞」反映生活的基礎，並從而建立與「形眞」分庭抗禮的另一民族特色。

除了舞台藝術的部分，戲劇當然還包含了劇本文學的單元。就元雜劇而言，以音樂結構爲主要的一人主唱四折形式，必然對它的戲劇結構造成某種程度的妨礙。起承轉合的模式結構與遷就形式的塡塞雜湊，是形式僵化最常見的弊病了。初期作家像關漢卿等人，他們大多有著豐富的生活閱歷和實際的劇場經驗，所以還能在形式局限下，創作出成功的作品。到了後期，形式日益凝固，而作家既脫離了劇場、甚至也脫離了生活，便只能塡些作品以供案頭清賞了。明代短劇的興起，正標示著元雜劇的走向死亡。而如果說，元雜劇的衰微，自始便受到它本身形式的制約，這樣的論點也是不爲過的。

由於實踐經驗與藝術積累的不足，作爲戲劇初期形式的元雜劇，終究要在完成階段性任務後告退。今天，我們嘗試著從元雜劇的體制對其結構的影響去著手探討，便是希望藉由一個基本而關鍵問題的釐清，深入了解它長遠的影響力和不得不日趨衰微的原因。

【註釋】

註　一　見該書卷一〈詞曲部〉〈結構第一〉，長安出版社，頁六、七。

註　二　見〈附會第四十三〉，開明書店《文心雕龍注》，卷九，頁九。

註　三　見其《曲律》一書〈論章法第十六〉，鼎文《歷代詩史長編》二輯四冊，頁一二三。

註　四　除〈附會〉篇之外，《文心雕龍》另有〈章句〉、〈熔裁〉兩篇，對章法結構的有關問題，作了重點的探討。

註　五　同註一〈詞曲部〉〈結構第一〉〈密針線〉條，頁十三。

註　六　見其《宋元戲曲考》十二〈元劇之文章〉，僶勉出版社，頁一〇五、一〇六。

註　七　如周貽白《中國戲劇史》（學藝出版社，書名改爲《中國戲劇發展史》），徐扶明《元代雜劇藝術》（上海文藝出版社），張庚、郭漢城《中國戲曲通史》（丹青圖書有限公司），商韜《論元代雜劇》（齊魯書社），以及曾永義〈中國戲劇的形式與種類〉（收聯經《中國古典戲劇論集》）等，都已注意到了元雜劇體制與其結構的關係。其他討論到元雜劇的戲劇史、文學史等，也多少會觸及這一論題。

註　八　依鄭騫〈元雜劇的記錄〉一文所統計（收中華版《景午叢編》上）。

註　九　見該書序說，順先出版公司，頁二。

註一〇　有關這類討論的文字，較重要的大多已收入梁沛錦所編《關漢卿研究論文集成》（香港潛文堂），可參看。

註一一　同前註，頁三。

註一二　一在鼎文《歷代詩史長編》二輯二冊，頁一〇四；一在三冊，頁十七。

註一三　見該書卷上，世界書局，頁九－二十一。

註一四　另有〈魯齋郎〉、〈五侯宴〉、〈裴度還帶〉、〈單鞭奪槊〉四本，經考證應不屬關氏作品，此處亦從嚴不列，詳參羅錦堂《元雜劇本事考》一書第一章，同註九，頁一四。

註一五　同註六，頁一一二。

註一六　見該書〈元雜劇的戲劇結構〉一章，齊魯書社，頁一六一。

註一七　收註八前引書，頁一九〇。

註一八　載《台大中文學報》第三期，二〇三。

註一九　如周貽白《中國戲劇史》（學藝版）認為來自唐宋大曲；青木正兒《中國近世戲曲史》（商務版）、曾永義〈元雜劇體製規律的淵源與形成〉一文，又都以為萌芽於宋雜劇的四段；徐扶明《元代雜劇藝術》（上海文藝出版社）則主張是「適應當時觀衆對演出時間的要求，在傳統的連場戲的基礎上，創造出一種新的反映生活的戲曲藝術形式。」

註二〇　見鄭騫〈元劇作者質疑〉一文所推考，收同註八前引書。

註二一　元劇每折宮調大體一定，其各折常用宮調，劉蔭柏《元代雜劇史》第五章〈結構、音樂、演出及其他〉中有列表統計，可參看。花山文藝出版社，頁二三〇。

註二二　收《文學評論》第七集。

註二三　依張啓超〈元雜劇的「插曲」研究〉一文統計（載聯經《小說戲曲研究》第一集）。唯張文依鄭騫之考證，於討論時已將〈降桑椹〉、〈智勇定齊〉二劇除去。

註二四　例外的只有〈貨郎旦〉、〈張生煮海〉、〈生金閣〉三本。〈西廂記〉、〈東牆記〉雖亦屬例外，但有明人竄改之嫌。此見曾永義〈元人雜劇的搬演〉一文，收聯經《說俗文學》，頁三七八。

註二五　詳見〈論元劇「一人獨唱」及主唱腳色與劇中人的關係〉一文，收商務版《文史論文集》，頁九四五、九四六。

註二六　參周貽白《中國戲劇史講座》第四講〈元代雜劇〉，木鐸出版社，頁八八、八九；徐扶明《元代雜劇藝術》第九章〈一人主唱〉，上海文藝出版社，頁一六九；又葉師註二五前引文。

註二七　曾說見註二四前引文；金文京說則見其〈從一人獨唱談到元雜劇之特徵〉一文，中研院中國文哲研究所八十年五月中國文哲研究的展望學術研討會論文抽印本。

註二八　見《中外文學》第十八卷第三期，頁一五六。

註二九　諸家於此爭議不大，可參曾永義〈元雜劇體製規律的淵源〉一文的察考，同註十八，頁二三三。

註三〇　此段大致取材於黃克保〈戲曲舞台風格〉一文（收丹青版《戲曲美學論文集》）。

註三一　可參看註十九徐扶明前引書第六章〈場子〉。

註三二　世界書局《全元雜劇初編》收錄關漢卿劇作，其版本如下：〈單刀會〉（何煌就元刊本校脈望館鈔本），

〈雙赴夢〉、〈拜月亭〉、〈調風月〉（元刊本，附鄭騫校訂本），〈竇娥冤〉、〈金線池〉、〈玉鏡臺〉、〈救風塵〉、〈蝴蝶夢〉（脈望館校古名家本），〈四春園〉（脈望館鈔校本），〈切鱠旦〉（脈望館就內府本校息機子本），〈謝天香〉（脈望館就于小穀本校古名家本），〈陳母教子〉、〈哭存孝〉（脈望館鈔校內府附穿關本），本文寫作，即依此版本為據，凡有引用，皆不一一註明。又其中有折數、楔子未明者，依其內曲套辨之，亦不另作說明。

註三三　見其《元雜劇研究》下篇第一章〈元雜劇的構成〉上，藝文印書館，頁一九〇。

註三四　收註三〇同引書，頁四。

註三五　見中華版汪校《綴白裘》，頁三。

註三六　同註七前引書第一冊第四章〈北雜劇的作家與作品〉，頁一七一。

註三七　同註一〈立主腦〉條，頁十。

註三八　劉靖之《關漢卿三國故事雜劇研究》第三章〈單刀會〉，即以「集中的原則」為其結構特點之一。三聯書店香港分店，頁八八。

註三九　見王驥德《曲律》卷四〈雜論〉第三十九下，同註三，頁一六〇。

註四〇　見其《中國劇詩美學風格》〈中國劇詩的形成和民族個性〉一章，丹青圖書有限公司，頁二六。

註四一　同註三九卷三〈論戲劇〉第三十，頁一三七。

註四二　同註三三，頁一九一。

註四三　俞大綱序施叔青《西方人看中國戲劇》一書，即以此為中國戲劇的共同特色。聯經出版公司，頁三。

註四四　可參看韓幼德《戲曲表演美學探索》第二章第三節〈舞台藝術上以工筆為主的寫意藝術觀〉，丹青圖書公司。

註四五　可參拙著〈從馬致遠作品看元雜劇抒情化之意義〉一文，政大《中華學苑》第三十六期。

註四六　以此四字為近體詩分段稱謂，以今所見，似首出於元范梈，見仇兆鰲《杜工部集詳注》所引，漢京出版事業公司，頁四三。

註四七　見《戲曲研究》第十八輯，頁一七。

註四八　同註三三，頁一九三。

註四九　見索氏八十二年二月八日應漢學研究中心之邀的演講稿提要。

註五〇　可參拙著〈從俗套蹈襲看元雜劇的結構〉一文，政大《中華學苑》第四十期。

註五一　可參看寧宗一等人所編《元雜劇研究概述》中有關〈單刀會〉結構的討論，天津教育出版社，頁一七三—一七五。

註五二　見羅錦堂〈單刀會的寫作技巧〉一文，《中外文學》第十八卷第十二期。

註五三　見該書第九章〈一人主唱〉，同註十九，頁一六七。

註五四　前者如〈王粲登樓〉、〈救孝子〉、〈金鳳釵〉、〈生金閣〉、〈㑳梅香〉、〈范張雞黍〉、〈追韓信〉，後者如〈氣英布〉、〈飛刀對箭〉、〈老君堂〉、〈單鞭奪槊〉、〈鎖魔鏡〉、〈衣襖車〉、〈存孝打虎〉等。

註五五　前一語見胡度編《川劇藝訣釋義》中的楊素蘭藝訣，另一是田雨澍在《戲劇藝術》發表的觀點。二者皆轉引自註四十前引書，頁二六。

從俗套蹈襲看元雜劇的結構

壹　前　言

戲劇是一種綜合的藝術，它匯聚各式各樣的藝術精華而為特殊的文學門類，與詩歌、散文、小說頗異其趣卻又相映生色。劇作家憑著自己對人生的觀察體驗，編寫出一齣齣的劇本，而後表演工作者藉由音樂、動作、妝扮、服飾等等，具體詮釋出劇本的情節內涵。不過在劇本文學與舞台藝術二者的組合裡，自然是有它本末先後的區別。因為必先有了劇作家「原創」的劇本，才可能衍生出表演者「附加」的詮釋。同時，在一定的表演藝能下，整體效果的呈現，也顯然取決於原劇本的優劣高低。而談到劇本，首先要考量的便是結構了。劇作家如何根據主題思想、人物性格、以及角色間矛盾衝突的要求，來組織、安排曲折緊湊而又合情合理的情節，乃是他個人功力的最大考驗，也是劇本成敗的主要關鍵。明代臧晉叔〈元曲選序〉中便已指出，創作戲曲劇本，在藝術上有著三難，「一曰情辭穩稱之難，一曰關目緊湊之難，一曰音律諧協之難。」而清初李漁在《閒情偶寄》一書的劇論中，更直書結構為第一，並有著如下的立論：

「塡詞首重音律，而予獨先結構者，以音律有書可考，其理彰明較著。……至於結構二字，則在引商刻羽之先，拈韻揮毫之始，如造物之賦形，當其精血初凝、胞胎未就，先爲制定全形，使點血而具五官百骸之勢。倘先無成局，而由頂及踵，逐段滋生，則人之一身，當有無數斷續之痕，而血氣爲之中阻矣。工師之建宅亦然，基址初平，間架未立，先籌何處建廳、何方開户，棟需何木、梁用何材。必俟成局了然，始可揮斤運斧。倘造成一架而後再籌一架，則便於前者，不便於後，勢必改而就之，未成先毀，猶之築舍道旁，兼數宅之匠資，不足供一廳一堂之用矣。故作傳奇者不宜卒急拈毫，袖手於前，始能疾書於後。有奇事，方有奇文。未有命題不佳，而能出其錦心、揚爲繡口者也。嘗讀時髦所撰，惜其慘澹經營，用心良苦，而不得被管絃、副優孟者，非審音協律之難，而結構全部規模之未善也。」（註一）

從造物賦形、工師建宅的譬喻中，李漁極巧妙而明確地指出了戲劇結構的重要性。而其中提到題材選擇、情節安排、整體架構，乃至充分構思經營的種種看法，也都觸及了結構問題的核心。即使諸現代戲劇的理念，這些仍是極爲成熟而進步的。

不錯，結構之於戲劇的重要性，我們當然都會深深地肯定。但是我們也都清楚，觀念的推演絕不是一蹴可及的。就中國戲劇的發展來說，李漁的認知終究是較晚出而獨特的。細加探究的話，這中間實在糾葛著相當多歷史上與文化上的因素。我們如果溯源上去，則現存較早劇本的元雜劇，自然是最値得重視的了。作爲長期孕育方始成型卻能蔚爲一代文學的元雜劇，由於縱橫諸方面的影響，結構上的成就，事實上是明顯不足的。李漁在《閒情偶寄》中，推崇元雜劇的諸般長處，仍指出了它在「埋伏照映處」的遜色。（註二）今天，我們翻索元雜劇的作品，確實可以發現它們在結構方面的各種弊習粗疏，其中尤以俗套蹈襲為最嚴重而普遍。本文即嘗試列舉元雜劇中俗套蹈襲的大小癥狀，分析成因，並探討它們對元雜劇結構的影響。相信透過這一課題的研究，我們會對中國戲劇的本質、形成與演變，有著另一種角度的觀察和收穫。

貳　元雜劇中俗套蹈襲現象的列舉

明李開先作〈張小山樂府序〉曾謂：「洪武初年，親王之國，必以詞曲千七百本賜之。」這種說法恐不免言過其實。（註三）不過，元雜劇既千呼萬喚而為元代文學代表，一時風氣大開，作品的競巧出新、大量創述，也該是不爭的事實。只可惜歷時久遠，歷來士人又視若雕蟲，未加寶愛，所以多歸湮逸。依據統計，元人雜劇有目可考的，以今日而言，約有七百三十三種。（註四）而照羅錦堂《現存元人雜劇本事考》一書的研究考訂，則元雜劇現存者實僅一百六十一種。（註五）

在如此難能可貴存留下來的一百多本雜劇中，不可諱言地，它們確實存在著相當嚴重的結構問題。即使推之為「一代之絕作」的王國維，固然認為「元劇最佳之處，不在其思想結構，而在其文章」，卻也明白指出了「往往互相蹈襲，或草草為之」的「元劇關目之拙」。（註六）不錯，俗套蹈襲正是元雜劇結構遜色的根本癥結。無論是多數劇本主要情節的模式化、情節設計的雷同蹈襲，乃至於套語爛詞的現成沿用等現象，都在在削弱了元雜劇整體的感人力量。茲分項列述如下：

一、劇情的大量模式化

戲劇乃人生的寫照，亦是社會的縮影。上而帝王將相、下而販夫走卒，推而忠孝節義、近而悲歡離合，人生百態、社會萬象，都濃縮交織於戲劇之中。取象既自不同，劇本照說也該旨趣各殊。但是人生儘管有著情性際遇上別相的小異，卻仍然不能抹煞本質上共相的大同。更何況戲劇要引起觀眾普遍的共鳴，勢必也要「假於事類，道其俗情，以反覆爲丁寧，無先後之蹈襲」，如此，則「作者取則於家常，聽者折衷於天性」（註七），自然彼此莫逆了。西洋戲劇中所謂三十六劇情之說（註八），恐怕正代表了一種戲劇情節約定俗成的共同體認。不過，通常這種概括人生本質爲類型的表現方式，並不是一成不變的模式套用而已。如何從豐富多樣中去提煉典型環境與典型人物，是一個眞正的劇作家所必須嚴肅面對的課題。馮景陽在〈典型人物的個性〉一文中，即如此說道：

「毫無疑問，作爲典型人物，應該是鮮明的個性與高度的共性的統一。沒有高度的共性，就沒有典型；沒有鮮明的個性，也沒有典型。」（註九）

就以角色演出並貫串情節的戲劇而言，這樣的說法當然也是毫無疑問的。而如果以此衡諸元雜劇情節的分類，我們卻不難發現，除了極少數的作家、劇本，對於最重要的人物藝術形象之塑造，它們

似乎「只有類型，而幾無個性可言」。（註一〇）

當然，要討論所謂類型的問題，首先便得檢討歷來有關元雜劇分類的主要意見。夏伯和《青樓集》中，曾粗略地提出了駕頭雜劇、閨怨雜劇、綠林雜劇、軟末泥的區別。而明初寧獻王朱權著《太和正音譜》，則依內容分雜劇為十二科：神仙道化、隱居樂道（又曰林泉丘壑）、披袍秉笏（即君臣雜劇）、忠臣烈士、孝義廉節、叱奸罵讒、逐臣孤子、鏺刀趕棒（即脫膊雜劇）、風花雪月、悲歡離合、煙花粉黛（即花旦雜劇）、神頭鬼面（即神佛雜劇）。近人羅錦堂《現存元人雜劇本事考》一書，更進一步詳分為八類十六目：歷史劇（又分以歷史事蹟為主者，及以個人事蹟為主而事蹟與史事相關聯者二目）、社會劇（分朋友、公案、綠林三目，公案中又分決疑平反、壓抑豪強二種）、家庭劇、戀愛劇（又分良家男女之戀愛、良賤間之戀愛二目）、風情劇、仕隱劇（又分發跡變泰、遷謫放逐、隱居樂道三目）、道釋劇（分道教劇、釋教劇二目，釋教劇中又分弘法度世、因果輪迴二種）、神怪劇。

元雜劇的主題、取材，原彼此牽涉，難以截然劃分。（註一一）不過以上的分類，就主要情節的涵蓋而言，也算頗為周至而具代表意義的了。（註一二）而自「類」的歸納，事實上也就透露了故事情節、人物塑造方面某種程度雷同的無以避免，只是元雜劇幾乎已到了大量模式化的地步。譬如說，佔元雜劇中相當比例的公案劇（註一三），基本上是劇作家所體現的廣大民意，對當時政治、社會黑暗面的披露、控訴。我們分析這些劇本，發現它們通常都是由一種大欺小、強淩弱爭執的引發事件，帶出劇中人物遇害、受冤的基因，並藉此轉入訟獄的情節。然後在訴訟的過程中，因著審案、破案的情節以表現主題。而由於發展線索的分趨，於是便帶出了如是的兩種基本型構。齊曉楓〈元代公案劇的基型結構〉一文，曾經分析道：

「經由引發事件的導引，舉凡因強權的欺壓所造成的權豪與平民之間一種強凌弱的爭執，在戲劇進行的節奏聲中，往往邁向一種因特權階級的跋扈造成冤屈的基型結構。另一方面，因攫奪利益或謀財害命的心機所引發的盜賈、妻妾、長幼之間強弱的衝突，往往在訴訟的進行過程中，因爲主審官吏的貪墨苛刻，遂演變成弱者投訴無效反而備嚐刑獄之苦的局面，其甚者竟而枉送性命。他們的枉死或下獄，受理官府的吏員實難辭其咎，因此，由『貪官污吏所造成的冤獄』實爲公案劇中另一主要架構。」（註一四）

甚至寫水滸故事的綠林一類，在現存的六個劇本中，除〈李逵負荊〉外，〈燕青博魚〉的楊衙內、〈雙獻功〉的白衙內、〈黃花峪〉的蔡衙內、〈還牢末〉的趙令史、〈爭報恩〉的丁都管，也仍是公案劇中那些權豪勢要與貪官污史的翻版。只不過水滸英雄的武力解決，代替了原本清官能吏平反的收場方式。至於劇情的鋪展，則亦另有它的一套模式可循。謝碧霞在其論文〈水滸戲曲二十種研究〉中指出：

「由現存的六種雜劇來看，這段時期的水滸戲呈現一種特殊的內容，甚或可以稱爲結構上的公式，其開首往往是每逢清明、重陽，宋江必放眾頭領下山遊樂或賞玩景物，因而引起事件的發生；要不然就是宋江要差人下山辦事，以何人自願下山的方式而引起事件的發生。至於內容，

則大部分皆是對貪官污吏的懲罰及對姦夫淫婦的報復。」（註一五）

其次，功名、愛情類型的故事，既能動人觀聽、又可聊寄懷抱，自然也特別受到元代不遇作家的青睞。羅氏分類中的仕隱劇，即是環繞著功名進退而編排的一類故事。尤其發跡變泰十四本中，除了〈劉弘嫁婢〉之外，餘如〈伊尹耕莘〉、〈智勇定齊〉、〈凍蘇秦〉、〈誶范叔〉、〈圯橋進履〉、〈追韓信〉、〈漁樵記〉、〈王粲登樓〉、〈薛仁貴〉、〈飛刀對箭〉、〈裴度還帶〉、〈遇上皇〉、〈薦福碑〉，全都是古人始困終亨故事的模式。發跡前後窮愁潦倒與飛黃騰達的截然對比，本已是此類故事著墨的主要所在。而在現實擠壓之下，一種更特殊、更具時代意義的功名幻夢模型便出現了。清梁廷枏《曲話》有如下的一段文字：

「〈漁樵記〉劇劉二公之於朱買臣、〈王粲登樓〉劇蔡邕之於王粲、〈舉案齊眉〉劇孟從叔之於梁鴻、〈凍蘇秦〉劇張儀之於蘇秦，皆先故待以不情，而暗中假手他人以資助之，使其銳意進取。及至貴顯，不肯相認，然後旁觀者爲說明就裡。不特劇中賓白同一板印，即曲文命意遣詞，亦幾如合掌，此又作曲者之故尚雷同，而非獨扮演者之臨時取辦也。」（註一六）

趙景深的《中國文學史新編》，即因此認爲〈王粲登樓〉一劇給了後來作曲者很大的影響。其實我們既無法一睹元人雜劇的全部、也不能一一論列它們的先後，則趙氏如此的斷言，當然是不夠嚴謹的。但這類劇本的有意模仿而蔚爲習尙，卻是無論如何不可否認的。大概現存元劇之中，除了《曲話》提及的四種外，〈破窰記〉、〈裴度還帶〉二劇也屬此種模型。（註一七）如果從改編幅度的大小，來論定這類劇本的模式意義，那麼由一篇純粹抒發懷鄉情緒的〈登樓賦〉，套成如此完整情節的〈王粲登樓〉一劇，倒是有其代表性而值得我們注意的。

至於戀愛劇方面，任中敏的《曲諧》卷二曾說：「自元以來，曲中播詠最盛者有三大情史，一爲普救西廂，一爲天寶馬嵬，一則爲豫章茶船也。」（註一八）帝王戀曲固然亦纏綿悱惻、感人肺腑，劇本終究並不多見。倒是以「普救西廂」爲模式的良家男女戀愛和套用「豫章茶船」模式的良賤間戀愛劇本，爲數極爲可觀。

良家男女戀愛的劇本，羅氏收〈拜月亭〉、〈牆頭馬上〉、〈西廂記〉、〈倩女離魂〉、〈金錢記〉、〈留鞋記〉、〈蕭淑蘭〉、〈碧桃花〉、〈符金錠〉、〈東牆記〉十種。這是一種才子佳人兩情相悅，家長卻以功名、禮防百般阻撓，最後在金榜題名下終諧秦晉的故事模型。雖然因環境的不同而小有出入，但各本的情節大致如此，其間套用因襲的痕跡極爲明顯。明王驥德《曲律》即指出：「元人雜劇，其體變幻者固多，一涉麗情，便關節大略相同，亦是一短。」（註一九）尤其〈傷梅香〉（註二〇）與〈東牆記〉兩劇，更是有如〈西廂記〉的翻版。梁廷柟《曲話》卷三便認爲「〈傷梅香〉如一本小〈西廂〉，前後關目、插科、打諢，皆一一照本模擬」，同時並列舉二十條雷同之處，而曰「不得謂無心之偶合矣」。（註二一）隋樹森則從題目、人物、關目、曲文各方面一一比對，說明「中國的舊小說和戲曲的本事，彼此類似的爲數的確不少，尤其情節方面，有的竟成了公式」，而〈東牆記〉之相似〈西廂記〉，事實上「比〈傷梅香〉還厲害」。（註二二）從這種情節大量而明顯的相似，則模式套用的現象，無論如何是不能否認的了。

良賤間戀愛的劇本，羅氏則列〈金線池〉、〈青衫淚〉、〈曲江池〉、〈紅梨花〉、〈玉壺春〉、〈紫雲庭〉、〈兩世姻緣〉、〈對玉梳〉、〈百花亭〉、〈雲窗夢〉十種。我們只要從這一類劇本中對雙漸、蘇卿故事的再三引用（註二三），便不難領會它們所受的影響了。（註二四）譬如說，馬致遠的〈青衫淚〉一劇，是以白居易〈琵琶行〉一詩粗點改編而成的。當然，「老大嫁作商人婦」及「商人重利輕別離，前月浮梁買茶去」的詩句，或許提供了劇家改編的靈感。而月夜琵琶的描述，也確實與販茶船故事的情節有線相通。（註二五）不過，老鴇、浮梁茶客的添入，白居易、妓女裴興奴戀愛情節的虛構，套用「販茶船」故事模式的痕迹，卻是顯而易見的了。而在模式必然的影響之下，這一類型的故事，其共同的組織自是可想而知。鄭振鐸〈論元人所寫商人、士子、妓女間的三角戀愛劇〉一文，便明白列舉㈠士子和妓女的相逢；㈡商人的突入場中；㈢嫁作商人婦或設法逃脫；㈣士子的衣錦歸來、團圓。認爲「這樣的四個段落，形成了一場悲歡離合的戀愛的喜劇」（註二六）而如果更放開立論，則士子、麗人兩情相悅，阻力出現，科舉得第，問題迎刃而解，所有戀愛劇，包括良家男女與良賤之間，不也就是如此的一套模式而已嗎？

另外，度脫劇也是元雜劇中數量極夥的一類（註二七），蕭憲忠論文〈現存元人度脫雜劇之研究〉即列出〈莊周夢〉、〈誤入桃源〉、〈張生煮海〉、〈黃粱夢〉、〈藍采和〉、〈鐵拐李〉、〈竹葉舟〉、〈岳陽樓〉、〈城南柳〉、〈昇仙夢〉、〈金童玉女〉、〈翫江亭〉、〈任風子〉、〈劉行首〉、

〈東坡夢〉、〈忍字記〉、〈度柳翠〉、〈猿聽經〉等十八本。（註二八）

元代是異族入主中原，政治、社會結構都極端不合理的一個時代。現實生活的不滿和精神的空虛苦悶，使得一般人不得不在宗教信仰中，尋求心靈的依托慰藉。所以在這種背景下孕育出來的度脫劇，事實上乃是一種佛道合流的消極避世思想的反映。它的主旨無非是勸人看破一切凡俗的榮華富貴、酒色財氣，出家修行以得道成仙。用意既千篇一律，則結構也自然鎖定在一個大致的模式之中了。我們只要稍作分析，就會發現如下的情狀：在這類度脫劇中，度人者多是八仙之屬的神仙之流，而受度者不是金童玉女之類的謫仙，便是生具神仙、半仙之分的人物。在這樣的命定之下，二者之間的情節發展就很固定了。一方面被度者既有神仙之分，他是註定了要重返仙班的；一方面度人者既屬神仙，那麼一切發展演變，便都在他們的意志掌握裏。於是，或以直言點醒說破，或是側面暗示勸悟，或者故設幻境神異，使之覺悟領會，而後具見人我是非、貪嗔痴愛的諸般虛幻，因而看破紅塵，同返仙籍了。（註二九）梁廷枏《曲話》曾經指出：

「元人雜劇多演呂仙度世事，疊見重出，頭面強半雷同。馬致遠之〈岳陽樓〉，即谷子敬之〈城南柳〉，不惟事蹟相似，即其中關目、線索，亦大同小異，彼此可移換。」（註三〇）

其實這種雷同重出的現象，又豈僅是〈岳陽樓〉、〈城南柳〉二劇而已。此外，還有值得一提的是，〈藍采和〉、〈鐵拐李〉、〈任風子〉、〈度柳翠〉幾個劇本，都屬典型的「三度劇」。也就是神仙道士或高僧接連三回度脫俗人的故事模型。套上元劇的體例，剛好將「一度」嵌入一折，三度三折，第四折結尾，加上楔子。內容既已雷同，形式又如此固定，它們模式化的程度當然是更加嚴重了。

以上所列公案、水滸、功名、愛情、度脫等各種類型的戲劇，總計多達八十餘本，在現存一百六十一種元人雜劇中，恰為一半之數。而如果我們再加上羅氏分類中「不出才子佳人之範疇」的風情劇（註三二），以及「因果輪迴」的釋教劇（註三三），則幾已近百的劇本，都在各自的類型中，相沿成習地納入劇情的模式。今天，我們要討論元雜劇的關目結構，無可懷疑地，劇情的大量模式化應該是其中最嚴重的問題了。

二、情節設計的雷同蹈襲

不錯，儘管時空浩瀚、人事更迭，但歸根究柢，人生也不過是一連串的生老病死、悲歡離合而已。所以從前面「類」的歸納分析，我們當然會瞭解到人生「大同」於戲劇情節相似之不可避免的影響。然而大同中自有小異、共相內宜分殊別。戲劇在獲致本質反映的共鳴之外，也必須尋求個別精神、特色的詮釋，期使觀眾一新耳目。否則依樣葫蘆、了無新意，豈不令人白日欲臥？李漁《閒情偶寄》中有這的一段話：

「戲場惡套，情事多端，不能枚紀。以極鄙極俗之關目，一人作之，千萬人效之，以致一定不移，守為成格，殊可怪也。西子捧心，尚不可效，況效東施之顰乎？且戲場關目，全在出奇變相，令人不能懸擬。若人人如是、事事皆然，則彼未演出而我先知之，憂者不覺其可憂，苦者

不覺其爲苦。即能令人發笑，亦笑其雷同他劇，不出範圍，非有新奇莫測之可喜也。」（註三三）

就戲劇演出而言，這確實是一段深中肯綮的經驗之談。而如果執此以衡量元雜劇，則除了前一項所論劇情的大量模式化，我們還可以發現在每一類劇本中，又普遍存在著情節設計雷同蹈襲的情形。譬如說公案劇裏，作爲戲劇開端的引發事件，「百日血光之災」便是一種常見的安排方式。孟漢卿《魔合羅》一劇的楔子裏（註三四），正末扮李德昌上場道：

「……我在這長街市上算了一卦，道我有一百日災難，百里之外可躲。我今一來躲災，二來販南昌買賣去。」

就由這一趟躲災、買賣的行程，展開了全劇情節的線索。而後來主角的橫死，則又綰合了不可避免的「百日血光之災」。我們可以說，如此的一種安排設計，既開展了情節，同時也埋伏了結局，至於中間的變化，則端看劇作家的用意與技巧了。無獨有偶地，《硃砂擔》、《盆兒鬼》二劇的情形，便與此完全相符。甚至《生金閣》劇中，郭成上朝取應，遭權豪勢要覬覦殺害的冤屈事件，也無以免俗地肇因於「百日血光之災，千里之外可躲」。如果再比對以上幾個劇本，則如此的情節，都同樣出現在劇本最前面的楔子裏。躲「百日血光之災」的方式，也同樣是「販南昌買賣去」，連地點都不曾改換一下。更明顯的是，孛老兒唸「月過十五光明少，人到中年萬事休」的上場詩，竟然成了這幾部戲的共同開場。而當主角向他們辭行時，古人所說「陰陽不可信，信了一肚悶」，又是用來寬慰的共同語言了。所以嚴格地說，以「百日血光之災」爲導引的這幾個劇本，事實上是鑲嵌著一個相同楔子的。

又公案劇刻畫昏官污吏的嘴臉，也常用如下的幾個俗套。其一是「官人下跪」的嘲諷場面，〈竇娥冤〉第三折便有此一段精彩的描寫：

〔張千喝科淨拖旦上云〕告狀！告狀！〔張千云〕過來。〔做見科旦淨同跪科丑亦跪科云〕請起。〔張千〕相公，他是告狀的，怎生跪著他？〔丑〕你不知道，但來告狀的就是我衣食父母。

另外〈魔合羅〉的第二折裏，也同樣出現了向「衣食父母」下跪的劇場手法。動作對白，如出一轍。再其次則是「聽憑外郎」的斷案方式，〈勘頭巾〉的第二折裏，劉員外妻誣告王小二謀殺她的丈夫，受理的河南府尹聽告後，茫然地對張千說：

「他口裏必律不剌的說了半日，我不省的一句。張千！與我請外郎來。」

〈灰闌記〉第二折，「雖則做官，律令不曉」的鄭州太守蘇順，在聽完馬員外正室誣告側室張海棠藥殺親夫後，也是如此說道：

「這婦人會說話，想是個久慣打官司的，口裏必力不剌說上許多，我一些也不懂的，快去請外郎出來。」

而在〈神奴兒〉第三折中，李德義誣告嫂子謀殺親夫和兒子，主事的官員更乾脆地承認說：「那人命事我那裏斷的。張千！與我請外郎來。」然則「聽憑外郎」的斷案方式，似乎便成了元代公案劇屢見不鮮的習套了。另外，〈緋衣夢〉第二折有如此的一段訟獄描繪：

〔淨官人云〕是什麼人吵鬧？定是告狀的。我說外郎，買賣來了，我則憑著你。……你來告狀，此乃人命之事，我也不管你們是的不是的，將這廝拏下去打著者。〔張千云〕理會的。〔做拏王員外科王員外舒三個指頭科〕〔外郎云〕那兩個指頭瘸？〔王員外舒五個指頭科〕〔外郎云〕相公！既是這等，將就他罷。他是原告，不必問他，著他隨衙聽候。〔淨官人云〕提控說的是。……

除了「聽憑外郎」的老套，這裏又多出了一節「舒指示賄」的肢體語言，用以刻畫官場上貪婪無知而又狼狽為奸的醜陋行徑。而不可避免地，〈魔合羅〉第二折與〈神奴兒〉的第三折，便又都套用了「舒三指頭科」的格式。

此外，「鬼魂訴冤」的情節設計，在公案劇中也佔有很大的比率。其中〈竇娥冤〉、〈馮玉蘭〉二劇，鬼魂是藉昏燈閃爍來現身求助伸冤。〈生金閣〉、〈後庭花〉、〈神奴兒〉、〈盆兒鬼〉等劇，則多是因著包公「別人不見，惟有老夫便見」的法眼，陰風中顯形示意，然後經由夜燒牒文，至開封府申訴冤情的。（註三五）在這些劇本中，幾乎所有鬼魂的出現，都同樣是為了亟亟尋求一個人間復仇的機會。而用意的一致，卻也導致了情節安排的因襲雷同。無怪乎梁廷枏《曲話》，論及〈神奴兒〉、〈生金閣〉兩劇第四折「魂子上場」時，會以為「依樣葫蘆，略無差別」了。（註三六）

至於文人功名類型的劇本，「始困終亨」可以說是它們共通不變的主題了。而正因著這樣熱切的期盼，發跡變泰的古往事例，成為劇作家津津樂道的題材。同樣地，「細數古人得志不得志兩種人」

的曲白，也就泛濫而爲此類劇本的俗套了。在元劇作家中，關漢卿最稱本色當行，我們且看看他在〈玉鏡臺〉第一折中的安排：

〔正末扮溫嶠上〕……我想方今賢臣登用，際遇聖主，覷的富貴容易。自古及今，那得志與不得志的多有不齊，我先將這得志的說一徧則箇。

〔仙呂點絳唇〕東蓋軒昂，詣門稽顙來咨訪。剖決條章，出語言無讓。

〔混江龍〕食前方丈，望塵遮拜路途傍。出則高牙大纛，入則峻宇雕墻。萬里雷霆驅號令，一天星斗煥文章。武夫前喝，從者塞途。無欲不得，無求不成。……卻說那不得志的也有一等。

〔油葫蘆〕一箇白髮書生無技倆，一年一度等選場。守著那聚螢積雪看書窗，幾時得出爲破虜三軍將。……

〔天下樂〕當日下午，誰家得鳳凰。爲甚成湯基業昌。就商岩，有莘求宰相。傅說版築里生，伊尹稼穡中長，做的朝爲田舍郎。……

〔那吒令〕孔子爲素王，訓一人萬邦。門生每受講，立三綱五常。軒車離故鄉，走四面八方。他是萬代天子師，爲四海生靈望，剗地到陳國絕糧。

〔鵲踏枝〕孟子亦荒荒走齊梁，更不算紂剖桀誅，比干龍逢，屈原投大江。周公禱上蒼，直到啓金縢，纔感悟成王。

而伶倫輩尊爲「鄭老先生」的戲劇名家鄭光祖，在他的劇作〈王粲登樓〉第一折裏，主角王粲已在曲文中，借嚴子陵、班定遠、韓信、范丹、袁安等前賢，抒發了個人的牢騷鬱悶。但是接著他叔父「先輩那幾個古人受窘，你試說一遍聽咱」的一句問話，便又引出伊尹、傅說、甯戚、太公、靈輒的長串古人熟事。第三折更是離譜，先後又兩次細說古人，其中還包括了一次對孔子的詳加介紹。名家、行家俱不能免，則這種喋喋不休的俗套之普遍，也就可想可知了。在〈救孝子〉、〈金鳳釵〉、〈生金閣〉、〈㑳梅香〉、〈范張雞黍〉、〈追韓信〉等劇本中，我們都可輕易地找到類似的例證。

另外，在良家男女戀愛劇中，或許爲了合理解釋「後花園私訂終身」的私情，以配襯良家的門風與禮防，多數劇本便都出現了男女主角「早有婚約」的補足。（註三七）而同時因著「三輩不招白衣之士」的家規，「兄妹相稱」的改換，又成了這類劇本功名得第前的一種慣用套子。（註三八）值得一提的是，「月夜聽琴」的特殊情節，居然也成了才子佳人情意感通的公式。〈西廂記〉二本第四折，鶯鶯月下聽琴，有如是的曲子：

〔調笑令〕莫不是梵王宮夜撞鐘，莫不是疏竹瀟瀟曲檻中。莫不是牙尺剪刀聲相送，莫不是漏聲長滴響壺銅。潛身再聽在牆東，元來是近西廂理結絲桐。……

〔聖藥王〕他那裏思不窮，我這裏意已通，嬌鸞雛鳳失雌雄。他曲未終，我意轉濃，爭奈伯勞飛雁各西東。盡在不言中。

在舊時代禮防設限之下，經由月夜琤琮的琴聲，牽繫感通雙方切盼的情愫，這可說是極富詩意而別具巧思的情節設計。但是在〈張生煮海〉、〈竹塢聽琴〉、〈東牆記〉、〈㑳梅香〉這幾個劇本中，我們卻仍然可以找到明顯的翻版。

還有，不論在良家或良賤間戀愛的劇本類型中，似乎都會有意無意地加入文人「賣弄才情」的機會。〈金線池〉第一折中，杜蕊娘在石好問的授意下「問秀才告珠玉」，而韓輔臣的才情顯現，自然是獲致「寫染得好」的嘆賞。〈青衫淚〉第三折，爲了女主角對窮愁文人一句「好高才也」的肯定，馬致遠甚至不惜長篇累牘地塞下整首〈琵琶行〉。其他如〈玉鏡臺〉、〈西廂記〉、〈玉壺春〉、〈紅梨花〉、〈碧桃花〉、〈符金錠〉、〈東牆記〉諸劇，也都安排了「敢問秀才求珠玉」、「好高才也」的習套情節。其實，對文人的稱許肯定，在戀愛劇中還有這樣一種慣用的手法。我們且試看〈破窰記〉第一折：

〔梅香云〕姐姐，你看兀那兩個穿的錦繡衣服，不強如那等窮酸餓醋的人也。〔正旦云〕梅香，你那裏知道也。〔唱〕

〔油葫蘆〕學劍攻書折桂郎，有一日開選場，半間兒書舍換做都堂。……

〔天下樂〕豈不聞有福之人不在忙，我這裏參也波詳，心自想，平地一聲雷振響，朝爲田舍郎，暮登天子堂，可不道寒門生將相。

不錯，梅香的言語其實正說明了世俗的偏見，而小姐的肯定則代表了過人的慧眼。就在如此的一問一答中，文人身價已不知不覺水漲船高了。〈舉案齊眉〉、〈留鞋記〉、〈紅梨花〉等劇的同樣編寫，亦莫不皆然。甚至我們可以說，所有戀愛劇中，女主角與家長或老鴇的對立爭論，其實都可視爲這種文人「哄擡身價」俗套的擴充。

再擴充析論，則雷同蹈襲的現象，在度脫劇中亦不能獨免。〈岳陽樓〉第四折有云：

〔八仙上立住〕……〔外〕這一位是誰？〔末〕〔水仙子〕這一箇大官人一部落腮鬍。〔外〕這一位是誰？〔末〕這一箇祇候人拿著竹掃帚。〔外〕兀那不是令史里。〔末〕這一箇綠襴袍板撒雲陽木。〔外〕這老兒是誰？〔末〕這一箇趙州橋嘴搵倒驢。〔外〕這一位背葫蘆是誰？〔末〕這一箇賣油的偌大葫蘆。〔外〕這一位攜花籃是誰？〔末〕這一箇仙花能聖，這一箇髮亂梳。〔外〕稽首，敢問師父，你可是誰？〔末〕貧道姓呂名岩字洞賓，道號純陽子。愛打的簡子愚鼓。

〈鐵拐李〉第四折則如是寫道：

〔衆仙隊子上奏樂科〕〔呂〕衆仙長都來了也，李岳跟我朝元去來。〔二煞〕〔正末〕漢鍾離有正一心，呂洞賓有貫世才。張四郎、曹國舅神通大，藍采和拍板雲端裏響，韓湘子仙花臘月裏開。張果老驢兒快。我訪七眞游海島，隨八仙赴蓬萊。

其他〈竹葉舟〉、〈城南柳〉的第四折，也是「群仙上場，現身指點」。至於〈任風子〉、〈劉行首〉、〈黃粱夢〉、〈金安壽〉、〈藍采和〉、〈莊周夢〉諸劇，雖無數說群仙名籍特徵之詞，但也都有「衆仙擺隊子上」、「衆仙上」的說明。則此固爲舞臺粧點熱鬧之用，但爲度脫劇收場俗套，實亦毋庸贅言。

雖然只舉其犖犖大者，而由以上的分析說明，我們已不難窺知元雜劇中，情節設計雷同蹈襲現象所交織成的結構問題了。

三、套語爛詞的現成沿用

元雜劇除了主要情節明顯模式化的傾向，以及類型劇本中情節設計常見的雷同蹈襲之外，另外還有一種普遍存在各種劇本內的缺失，那就是套語爛詞的現成沿用。分析所有現存的元人雜劇，我們可以發現這種問題事實上是環繞著人物類型而大量出現的，其中又以用來作為角色介紹的上場詩最為具體可見。（註三九）首先且看看數量最多之文人士子的上場詩：

△「天子重英豪，文章教爾曹。萬般皆下品，唯有讀書高」。——〈金線池〉、〈切鱠旦〉、〈謝天香〉、〈黃粱夢〉、〈倩女離魂〉、〈後庭花〉、〈金鳳釵〉、〈度柳翠〉、〈劉弘嫁婢〉。

△「黃卷青燈一腐儒，九經三史腹中居。學而第一須當記，養子休教不看書。」——〈陳母教子〉、〈金鳳釵〉、〈瀟湘夜雨〉、〈紅梨花〉、〈㑳梅香〉、〈剪髮待賓〉、〈鴛鴦被〉、〈赤壁賦〉。

△「滿腹詩書七步才，綺羅衫袖拂香埃。今生坐享清平福，不是讀書那裏來。」——〈牆頭馬上〉、〈竹塢聽琴〉、〈冤家債主〉、〈紅梨花〉、〈王粲登樓〉，另〈剪髮待賓〉則一、三折凡兩見。

△「龍樓鳳閣九重城，新築沙堤宰相行。我貴我榮君莫羨，十年前是一書生。」——〈玉鏡臺〉、〈陳母教子〉、〈牆頭馬上〉、〈破窰記〉、〈薦福碑〉、〈金鳳釵〉、〈王粲登樓〉、〈范張雞黍〉、〈凍

蘇秦〉、〈赤壁賦〉。

△「十年窗下無人問，一舉成名天下知。」——〈調風月〉、〈蝴蝶夢〉、〈王粲登樓〉、〈玉壺春〉、〈裴度還帶〉、〈漁樵記〉、〈合同文字〉、〈百花亭〉。

△「青霄有路終須到，金榜無名誓不歸。」——〈陳母教子〉、〈破窰記〉、〈曲江池〉、〈裴度還帶〉、〈東牆記〉、〈凍蘇秦〉。

以上所列的這些上場詩，是引用比較頻繁的例子。其他用意類似的，仍所在多有，茲不一一贅引。值得注意的是，針對強調讀書實用功效的主旨而言，它們其實是可以合而爲一的。而如果混爲一談，則其雷同重複的程度，實已到了相當驚人的地步。同時從上列資料，多數劇本幾乎都出現兩三次的情形來看，上場詩套語爛詞之不加避用，也是極爲明顯的了。

其次，小商人、店小二、酒保、茶博士、市井混混、跑腿的，以及一般的老夫老婦等，這種人雖然不是現實生活中舉足輕重的人物，卻是舞台世界不可或缺的陪襯角色。也因此，在元雜劇中，他們的上場詩便有著更高廣度的分佈，諸如：

△「買賣歸來汗未消，上床猶自想來朝。爲甚當家頭先白，曉夜思量計萬條。」——〈燕青博魚〉、〈圯橋進履〉、〈酷寒亭〉、〈汗衫記〉、〈羅李郎〉、〈看錢奴〉、〈遇上皇〉、〈雙獻功〉、〈澠池會〉、〈還牢末〉、〈老生兒〉、〈王粲登樓〉、〈范張雞黍〉、〈敬德不伏老〉、〈趙禮讓肥〉、〈硃砂擔〉、〈盆兒鬼〉、〈百花亭〉、〈衣襖車〉、〈黃鶴樓〉、〈裴度還帶〉諸劇。

△「花有重開日，人無再少年。休道黃金貴，安樂最值錢。」——〈竇娥冤〉、〈金線池〉、〈玉鏡臺〉、〈救風塵〉、〈麗春堂〉、〈鐵拐李〉、〈秋胡戲妻〉、〈倩女離魂〉、〈范張雞黍〉、〈趙禮讓肥〉、〈桃花女〉、〈劉弘嫁婢〉、〈㴲江亭〉、〈魯齋郎〉、〈裴度還帶〉、〈兒女團圓〉、〈劉行首〉諸劇。

△「耕牛無宿料，倉鼠有餘糧。萬事分已定，浮生空自忙。」——〈救風塵〉、〈緋衣夢〉、〈燕青博魚〉、〈岳陽樓〉、〈看錢奴〉、〈度柳翠〉、〈桃花女〉、〈凍蘇秦〉、〈貨郎旦〉、〈魯齋郎〉、〈裴度還帶〉、〈兒女團圓〉諸劇。

△「僧起早、道起早，禮拜三光天未曉。在城多少豪富家，不識明星直到老。」——〈破窰記〉、〈鴛鴦被〉、〈抱粧盒〉、〈合同文字〉、〈謝金吾〉、〈㴲江亭〉、〈劉行首〉諸劇。

△「教你當家不當家，及至當家亂如麻。早晨起來七件事，柴米油鹽醬醋茶。」——〈青衫淚〉、〈黃粱夢〉、〈度柳翠〉、〈玉壺春〉、〈桃花女〉、〈百花亭〉諸劇。

我們稍作分析，如「買賣歸來汗未消」一首，即曾在二十多本元劇中被引用。其中〈硃砂擔〉一劇更多達三次。甚至第三折裏的地曹，也以此上場。則上場詩套用現成之普遍，也就可想而知了。另外，小人物上場詩中，還有「月過十五光明少，人到中年萬事休」一首，也再三出現。不過它的前二句，卻有著種種的不同，〈生金閣〉、〈王粲登樓〉、〈桃花女〉、〈病劉千〉、〈硃砂擔〉、〈飛刀對箭〉各劇的「急急光陰似水流，等閒白了少年頭」，大概是最常見的句子。〈遇上皇〉改爲「鬢若銀絲兩鬢秋，老來腰曲便低頭」、〈柳毅傳書〉作「教子攻書志未酬，桑榆暮景且淹留」，至於〈合同文字〉則作「青山隱隱依然在，綠水濤濤不斷流」。劇作家套用之餘所生的變化之心，恐怕正是劇場中套語爛詞過於浮濫的一點小小收斂吧？

再其次，公案劇中權豪勢要的上場詩，也是套語沿用的典型例證。〈切鱠旦〉一劇作「花花太歲爲第一，浪子喪門世無對。街下小民聞吾怕，則我是勢力並行楊衙內。」〈金鳳釵〉劇與此完全相同，〈黃花峪〉劇的最後一句改爲「蔡衙內」，〈生金閣〉、〈十探子〉兩劇則變爲「龐衙內」。其中出入，只是名姓改套而已。〈燕青博魚〉劇又改末句爲「則喚作有權有勢的楊衙內」，〈陳州糶米〉一劇算是作了最多的變動，但也僅是將最後二句改爲「聞著名兒腦也疼，則我是有權有勢劉衙內」。這樣不費吹灰之力地套來套去，劇作家似乎已是約定俗成、習以爲常了。

其他上場詩，如卒子的「自小從來是軍健，四大神州都走遍」，牢子的「手執無情棒，懷揣滴淚錢。曉行狼虎路，夜半死屍眠。」邦老的「殺人放火爲活計，好鬥偏爭欺負人」，武將的「三尺龍泉萬卷書，皇天生我意何如。山東宰相山西將，彼丈夫兮我丈夫。」大臣丞相的「調和鼎鼐理陰陽，秉軸持鈞政事堂」等等，亦無不一套再套、大同小異。甚至套得太離譜了，連身分都未必貼切符合。無怪乎唐文標要「謂之中國文學中『爛語』最多一種」了。（註四〇）

而除了上場詩之外，元雜劇中的白文也一樣不能免俗。其中最爲明顯的當屬上場白，窮愁文人大致不脫「幼習儒業，頗看詩書，爭奈時運不濟，未曾進取功名」的式樣，官員上場則不外「自中甲第以來，累蒙擢用，頗有政聲」的老套。至於老鴇的自白，總以介紹女兒爲主，「我這孩兒吹彈歌舞，吟詩對句，拆白道字，頂真續麻，件件通曉」，是慣常的用語。權豪勢要吹噓的是自己的惡勢力，「我是權豪勢要之家，累代簪纓之子。我嫌官小不做，馬瘦不騎。打死人不償命，若打死一個人，如同捏殺個蒼蠅相似」，是典型的模式。幾乎每一種類型的角色，在俗套的上場詩之後，也都有幾句八九不離十的門面套語。

而對白的彷彿，當然也是元劇中套語爛詞的另一來處。劇情雷同、角色相似的狀況下，如公案劇中官吏斷案的對語，戀愛劇中文人與小姐、妓女間的談話，仕隱劇中文人窮愁潦倒的滿腹怨艾，度脫劇中恬淡悠閒的極力鼓吹等等，其中有意無意的吻合，實在無可避免。但如果連劇作家偶然心血來潮的一點逗樂小花樣，也依然逃不掉「廣為流傳」的翻版，則對白蹈襲的嚴重，自是不言可喻了。如〈燕青博魚〉第一折有這樣一段對話：

〔燕二云〕壯士，你那裏鄉貫，姓字名誰也？〔正末云〕哥，您兄弟不是歹人也。〔燕二云〕壯士，誰道你是歹人哩。〔正末云〕哥也，則我是宋江手下第十五個頭領浪子燕青，哥也，你兄弟不是歹人那。〔燕二云〕你是賊的阿公哩。

而〈爭報恩〉的楔子裏則如是寫道：

〔正旦云〕你姓甚名誰？〔關勝云〕我不是歹人，我是梁山上宋江哥哥手下第十一個頭領大刀關勝的便是。〔正旦云〕你不是歹人，正是賊的阿公哩。

又如〈三戰呂布〉第二折：

〔孫堅云〕你來者何人？〔呂布云〕你聽著，呂奉先是你的爹爹。〔孫堅應科云〕哦！風大聽不見。〔呂布云〕我是你爹爹。〔孫堅云〕哦！風大聽不見。〔呂布云〕呂布是你爹爹。〔孫堅云〕！你怎生是我爹爹。……〔卒子云〕元帥，他罵陣哩，你還他大著些。〔孫堅云〕某乃長沙太守孫堅，是你孫子哩。……

〈博望燒屯〉第三折也有同樣的對談：（註四一）

〔夏侯惇云〕你來者何人？〔趙雲云〕某乃趙雲，是你爹爹。〔夏侯惇做應科云〕哎！風大聽不見，再高著些。〔趙雲云〕某乃趙雲，是你爹爹。〔夏侯惇做應科云〕哎！風大聽不見，再高著些。〔趙雲云〕某乃趙雲，是你爹爹。〔夏侯惇應科云〕哎！〔卒子云〕應的美，元帥，這個喚做罵陣，……你可再大著些壓伏他。……〔夏侯惇云〕我知道，夏侯惇我是你家重孫累孫。

水滸好漢「不是歹人，正是賊的阿公」的逗笑套語，以及罵陣時「爹爹孫兒」的佔便宜爛詞，是如此明顯的現成沿用，甚至無需些微的潤飾變巧，這正說明了元劇中套語爛詞泛濫的程度。而除此之外，角色名姓的雷同，應該也可以進一步說明此種現象。吳梅論〈繼母大賢〉一劇時曾指出：

「元劇中凡幫閒鑽懶者皆用胡子傳、柳隆卿二人，或實有其人，遂致眾惡皆歸耳。此劇用賁達、苗敞，不拾元人牙慧，固佳，而第三折太平令曲云：『他比那胡子傳心腸很煞、柳隆卿行藏尤賽。』仍提二人姓名，此亦可見劇場習慣矣。」（註四二）

確實，在〈冤家債主〉、〈東堂老〉、〈殺狗勸夫〉幾個劇本裏，這種「不養蠶來不種田，全憑說謊度流年」的幫閒搭檔，都叫做柳隆卿、胡子轉。而〈降桑椹〉的王伴哥、白厮賴，〈剪髮待賓〉的杜裏餞、世不飽，也可說是柳、胡類型的轉用。從他們的現身元劇，到蔚爲「劇場習慣」，似乎頗可探得一些消息。

又譬如盧醫原指古代的良醫扁鵲，元劇卻常以反語打諢，稱庸醫爲「賽盧醫」。〈竇娥冤〉劇中，「行醫有斟酌，下藥依本草。死的醫不活，活的醫死了」的「賽盧醫」，是他們的共同寫照。〈魔合羅〉、〈救孝子〉等劇中，都可見到這種可恨又可笑的角色。而王臘梅一名，則元劇中如〈燕青博魚〉、〈爭報恩〉、〈神奴兒〉諸劇，也早將她類型化爲淫婦禍首的一個代稱。至於隨從之必稱張千、丫鬟之皆名梅香，則甚至已躋身角色之類稱而幾於俯拾皆是了。焦循《劇說》謂「元人曲中，如良吏必包拯，公人用董超、薛霸，惡人用柳隆卿、胡子轉，伎女用王臘梅，兒女用賽娘、僧住」（註四三），是元人劇中角色雷同的普遍，古人已先我們察知矣。

或許對元雜劇的大架構而言，套語爛詞的現成沿用只是一種細碎枝節的問題，不構成根本的動搖。但正因它的細碎、枝節，所以才會無所不在地滲透進劇本的每一角落，使得元雜劇雷同蹈襲的弊病難以掩藏。

叁　俗套蹈襲形成原因的探討

以上大致列舉了元雜劇中各類俗套蹈襲的例證，但是究竟爲什麼會發生這樣的現象呢？我想可以嘗試著從幾方面去略作探討：

一、元雜劇固定形式的副作用

元雜劇受到諸宮調的影響，形成一套固定的音樂和文學形式，那就是四折再於必要時加上楔子的一種體制。在這種體制裏，折數既屬固定，即每折中歌曲的排列和數量，也都不可隨便移易。梁廷枏《曲話》有云：

「百種中，第一折必用仙呂〈點絳唇〉套曲，第二折多用南呂〈一枝花〉套曲，餘則多用正宮〈端正好〉、商調〈集賢賓〉等調。蓋一時風氣所尚，人人習慣其聲律之高下、句調之平仄，先已熟記於胸中，臨文時或長或短，隨筆而赴，自無不暢所欲言。」（註四四）

這一段話其實已經多少指出了劇作家如何先熟記音律形式，以納入元劇體制的創作方法。在這樣的狀況下，原本已屬固定的體制，便更容易成爲一種模式化的音樂和文學形式了。而在文學創作中，內容固可以決定形式，形式也同樣會左右內容。譬如說在元雜劇中，劇情準備階段和人物介紹必在前二折，第三折是高潮，第四折是結束，幾乎所有的劇本都如此，很少例外。層層制約之下，劇作家編寫的首要考驗，便是固定形式的符合了。〈陳州糶米〉第二折中，先是張千「想老相公爲官，多早晚陞廳、多早晚退衙，老相公試說一遍與您孩兒聽咱」，引發包公〈端正好〉、〈滾繡毬〉兩支曲子，接著范仲淹「不知待制多大年紀爲官，如今可多大年紀，請慢慢的說一遍，某等敬聽」的問話，又逼出了〈倘秀才〉一曲。再其次〈滾繡毬〉、〈呆骨朵〉等幾支曲子，也莫不是如此硬套出來的。從這樣的例子裏，劇作家塡足固定形式的費盡心力，自是可想而知。而在如此形式化的創作中，當遇到了類似的故事、情節、乃至對白、動作時，俗套蹈襲的出現，便不是很難理解的事了。

二、重曲輕結構的必然現象

中國文學的傳統，一向重抒情而忽略敘事。這樣的觀念，只要從小說、戲劇的晚出且不受重視，很容易便可證明。而即以戲劇來說，雖已在詩歌、散文之後才姍姍來遲，但依然捨不得割愛地以詩歌作爲它的主架構。同時儘管其中必然包含了故事的成分，卻仍舊不是大家關心的所在。俞爲民〈古代曲論中的結構論〉一文，分古代戲曲結構論爲三個階段，而以元代到明代萬曆以前爲初創時期，他並且同時指出：

「在這一時期裏，曲論家們受傳統的詩文審美觀念的影響，多以詩文的審美觀念來研究戲曲。對戲曲的批評與探討，注意力集中在戲曲的語言和音律上，很少有人論及戲曲結構的。即使論及，也多是片言隻語，帶有很大的片面性。如元代喬吉是戲曲理論史上論及戲曲結構問題的第一人，他提出的『鳳頭、豬肚、豹尾』之說，僅僅是就戲曲或散曲的曲文結構。」（註四五）

其實不僅喬吉，如《青樓集》、《錄鬼簿》、《太和正音譜》等書，也都是著重在歌唱、音律、文辭的工拙，而非戲劇構成的工拙。如果說「批評家關心之所在，即聽衆關心之所在，也即作者的關心之所在」（註四六），則元劇作家創作時的重心，自然是不言可喻了。故事既非首要、結構亦所不計，作者最汲汲用心而欲表現的，全在曲文一部份，則俗套蹈襲之「取現成以免思索」（註四七），雜劇作家恐怕不會引以為病，反倒因能傾全力於其所重而自謂得計吧？

三、反映時代社會的情節凝聚現象

雜劇作家主要的心力，固然是在曲文的工拙，但它到底並不全同於傳統詩歌，因為無論如何，戲劇總不能脫離故事情節的考量。所以姚華的《曲海一勺》即認為「曲之於文，蓋詩之遺裔，於事則史之支流也」，又說：「若以詩人之心，行稗官之志，曲之為文，所以儷史者此也。」（註四八）

而元代是漢民族淪於異民族統治下的一個時期，政治上的迫害、經濟上的剝削，在在都使這一時代蒙上黑暗的色彩。種族的歧視與階級的區分，又造成了中國社會空前的動盪。基於舞台演出共鳴的訴求，一般劇作家自會有意無意地將周遭的事物，溶入劇本情節之中。而失意的文人也往往參加了雜劇的編撰行列，藉以一抒己身抑鬱的感受與情懷。王國維《宋元戲曲考》因此指出：

「元劇自文章上言之，優足以當一代之文學。又以其自然故，故能寫當時政治社會之情狀，足以供史家論世之資者不少。」（註四九）

在這種情況下，他們以熟知慣見的現實人物、事件爲依據，塑造出一系列的類型人物和情節。或者憑著補償心理的想像，幻設了人同此心的故事型態。當然，就文學性、戲劇性來說，這種類型化卻不具備明顯個性的人物、情節安排，或許未盡理想。但以時代社會反映的層面而言，類似情節、人物的大量出現，卻應該是大家共同關注焦點的一種凝聚現象。譬如說公案劇、水滸劇、功名劇、戀愛劇、度脫劇等的蔚爲風尙，自有它社會的因素。而權豪勢要、昏官狠吏、包拯張鼎、才子佳人、文士妓女等的各成典型，又豈是偶然的？乃至一些套語爛詞的搬用，也都可以透視到它們共通的時代蘊涵。然則俗套蹈襲的形成，恐怕還有它別具社會意義的因素存在，這是我們所不能輕忽的。

四、劇場演出的實際考量

戲劇的生命必須在舞台上才算成立，因此舞台演出的種種因素，自然會影響到劇本的創構，那是毋庸贅言的。王國維的《錄曲餘談》曾經斷言：「蓋元劇多遭伶人改竄，久失其眞。」（註五〇）徐嘉瑞《近古文學概論》也以爲元雜劇本極簡略，「及經多次上演，由歌者中增加不少」。（註五一）元雜劇劇本是否全出一人之手，自來即有論辯（註五二），這樣的說法當然並沒有直接證據的支持。不過就舞台演出的實際考量而言，伶人增減變改劇本，事實上是極有可能的。因爲在長期演出的經驗裏，劇作家、演員、觀衆三方面充分交流了心得、感受，很自然地，演出的方便與呈現的效果，便成了劇本創作或修改的重要依據。包括俗套蹈襲的運用再三，也都該是在這種情況下出現的。周貽白《中國戲劇史》便以爲：

「元劇中有許多習用詞，及互相挪用的陳套，或爲便於搬演計，故相沿襲。」（註五三）

譬如說由於演員人數和舞台空間的限制，元雜劇的戰爭場面往往採用「探子回報」的口述手法，一再沿用，久之便成習套。又如公案劇中「官人下跪」的嘲諷方式，水滸戲「賊的阿公」、戰爭劇「你的爹爹」等的逗笑對白，也必然有著屢試不爽的觀衆反映。戀愛劇「月夜聽琴」的浪漫，想必令人盪氣迴腸；功名劇「始困終亨」的憧憬，無疑使人希望無窮。這些俗套的出現，豈是毫無根由的？八仙上場的安排，笙歌鼓樂、一片祥瑞，合乎吉慶熱鬧的心理；千篇一律的團圓收場，不違背我們的文化心態、又滿足了觀衆娛樂的需求。至於那麼大數量的各類上場詩、白、襯點人物，既無關宏旨，套用現成，豈不大家省力？

就是這樣的考量、就是這樣的方便，俗套蹈襲便無以避免了。當然，劇作家可能沒料到、也不曾顧慮到人同此心之下它的大量泛濫。

五、不脫文化傳統的模仿習性

我國是一個以農業立國而歷史悠久的國家，幾千年的歷史興衰與社會變遷，當然開拓了相當廣闊的知識領域，也累積了極為繁複的人事演化，所以在承續這樣的一種文化體系時，最迫切的便是如何去理清頭緒。而農業文明重經驗傳遞因襲而不尚新創變化的本質之下，一切事物講求歸類、也容易歸類。因為說穿了，文明不外類型的變化而已。類書編纂的源遠流長與普遍適用，可說是一個有力的證明。《太平廣記》、《太平御覽》、《冊府元龜》、《永樂大典》這一類工程浩大的官修類書，固然代表了它們受重視的程度。而一些坊間流傳的小書，其實更說明了文史藝能分類知識強力滲入民間生活的狀況。有人曾將宋、元間流行的、近乎反常實用的書，分為二種。一種是《中原音韻》、《經史字源》、《學童識字》、《韻海》等字韻之書，一種則是《事文類聚翰墨全書》、《萬寶事山》、《經史事類書澤》、《居家必用事類》、《藝圃蒐奇》、《小學日記故事》這一類的日用酬應必備。（註五四）

這些書籍的方便，當然不僅止於索檢備查，恐怕也還在於模仿套用。同樣情況地，一般雜藝工匠等私下授受的本行秘笈，裏面的底樣、口訣，其實都提供了實用的依樣葫蘆。甚至戲曲技藝也不可能免俗，唐文標《中國古代戲劇史初稿》一書，即懷疑《武林舊事》所提及賣售的「掌記」，大概就是分門別類之唱詞大全的《梨園隨身寶》，它的作用乃是：

「戲人分別熟記後，當編出新劇時，關目結構既定（大綱已足），上場前大略安排一下，劇中人雖知道自己的命運，但還要描寫形容，於是他在路上看見了一頭黃馬，他就可以沿用戲班寶之陳句，描寫一番，……特別在插科打諢，對與劇中結構無大關係的人，為求戲劇進行趣味和

方便，配合靈活，陳套幾乎是必要的。」（註五五）

當民間戲劇逐漸脫離濃厚即興式表演的型態，而開始有了較具模樣、內容的劇本架構時，我想記熟並大量套用現成的，除了演員之外，才人作家也不可能獨免。

而在這樣的一種文化氛圍中，模仿套用幾乎成了一種根深柢固的習性。建築的規格、書畫的描摹，不管是手段也好、目的也好，畢竟都是必要的。中國文學由於具有強烈的形式傾向，模仿學習當然亦復如此了。尤其在每一種文體衰微，不復有蓬勃生機跟觀照能力的時候，這樣的現象就更明顯地表露出來。這個派、那個派，文學何人、詩主何代，其實都是模子中討生活的遁辭而已。發展成熟後的戲劇，很遺憾地仍然沒有跳脫如此的循環。吉川幸次郎的《元雜劇研究》便說道：

「……早已存在的事實，正暗示雜劇這種乍見似與傳統不相容的文體，其實仍在尊重傳統的中國固有精神支配之下。模仿的盛行，也就是尊重雜劇傳統的觀念表現出來的一種執著。又在某種文體完成之後，繼起者都以模仿爲能事，而不求更進一步的發展，可說是過去中國文學所在皆有的現象。雜劇這種文體，雖然是非傳統的，但也跟其他傳統的文學一樣，受著這個原則的支配與控制，歸根結柢，也是在同一個潮流之中。雜劇的萎靡衰微，最大的原因便在於此。這是中國精神史上的一般現象，雜劇當然也無所逃於其間。」（註五六）

然則不管是在民間孕育或進人文人階段的戲劇，其俗套蹈襲的普遍存在，原也與大傳統中模仿習性的四處滲透，有著某種程度的纏結。

肆　俗套蹈襲對元雜劇結構的影響

分析了元雜劇中俗套蹈襲的各種現象，也探討了它們形成的可能因素，我們當然瞭解了問題的嚴重性。對元雜劇，尤其是結構方面，這一切確實產生了相當深遠而根本的影響。茲先將各種俗套蹈襲的現象簡列如後，期能有一全面的體認，以利進一步的剖析之用。

劇型	主題思想	主要情節模式	習見的情節設計	一般的套語爛詞
公案劇	透過冤屈事件的形成、處理，來突顯政治、社會的黑暗不公。	(1)強弱爭執→特權階級的跋扈→冤屈迫害。 (2)強弱衝突→訴訟→官吏貪墨→枉死或下獄。	百日血光之災、官人下跪、聽憑外郎、舒指示賄、鬼魂訴冤。	權豪勢要、小角色之上場詩白，張千、梅香、賽盧醫、王臘梅等角色名，官吏斷案對白。
水滸劇	借由水滸英雄的拔刀相助，表露對現實的批判。	水滸英雄下山→事件發生→貪官污吏或姦夫淫婦的懲處。	時遇清明、重陽，下山玩賞。	權豪勢要上場詩白，王臘梅角色名，「賊的阿公」笑套。

文人劇				
功名劇	表現文人功名幻夢。	文人始困終亨、功名順遂的典型模式。	明斥暗助，細數古人得志與不得志兩種人。	文人上場詩白，官員上場詩白，未遇時怨艾語。
戀愛劇：良家男女	表現文人愛情的熱切嚮往。	才子佳人兩情相悅→家長阻撓→科舉得第→團圓。	月夜聽琴，早有婚約，兄妹相稱，賣弄才情，哄抬身價。	文人上場詩白，老鴇上場詩白，文人與小姐、妓女對白，梅香等角色名。
戀愛劇：良賤		士子妓女相逢→老鴇、商人從中作梗→衣錦歸來→團圓。	賣弄才情，哄抬身價。	
度脫劇	勸人看破世俗一切，出家修行以成仙得道。	受度者夙具仙緣→明度、暗度、幻境警醒→看破紅塵，同返仙籍（往往三度）。	列仙上場，一一介紹。	恬淡悠閒的極力鼓吹。
其他	如風情劇、釋教輪迴劇、家庭劇、戰爭劇等，亦各有其不同程度之俗套蹈襲（註五七）。			

我們必須要說明的是，表列的資料，就算「其他」這一部分，因同型劇本數量較少，或主題、情節蹈襲雷同的現象稍嫌零碎而不夠凝聚，不列爲討論的主要依據。單以公案、水滸、文人功名、戀愛、度脫幾種類型的劇本，便高達八十多本，佔現存元人雜劇一百六十一種的半數以上。同時，我們更要注意的是，每一類型中，共通的主題思想、主要情節模式、習見的情節設計，以及再三沿用的套語爛詞等等，並不是一種單一的存在。它們是相互糾葛纏繞著，共生在同一類型的每一劇本裏，時而單純、時而複雜，但模式俗套的雷同蹈襲，則始終如一。因此，當我們研究元雜劇的社會性時，這些現象或許會提供很多的資料，也呈現相當的意義。然而要探討元雜劇的文學價值，尤其是戲劇結構時，它們便不可避免地會產生嚴重的負面作用了。究竟俗套蹈襲的現象，對元雜劇的結構有什麼樣的影響呢？茲試述如下：

一、套用模式結構，忽略戲劇生命的有機組織

我們知道，「戲劇是安排由演員在舞台上當著觀衆表演的一個故事」。（註五八）唯其具有故事性，所以戲劇的結構，與敘事詩、小說等敘事文學作品的結構，從本質上來說是一樣的，因爲都是情節的組織與安排。但這個故事的呈現是用「表演的」，因此戲劇畢竟又不同於敘事詩和小說。它是人物演出的一種特殊文學形式，動作是其基本表現手段。如何根據主題思想、人物性格，將各種人物的動作組織在一起，使矛盾衝突的發生、開展、解決、統一而完整地表現出來，以構成故事情節，乃是

戲劇的主要考量。同時還有一點值得注意的是，這樣的表演必須是「在舞台上當著觀衆」，是則文學家表達的東西與接受者之間的關係，恐怕也沒有比戲劇來得更直接、更強烈的了。

如何構思情節、如何刻畫人物，更重要的是，這一切又如何引發觀衆深刻內省的共鳴。一個好的劇作家必須熟悉生活、深入生活，熟悉人性、深入人性，然後在生活裏提煉素材，從人性中塑造角色。唯有如此，他的作品才能算是眞正具備血肉的有機組織。否則套用舊模，依樣葫蘆，雖然同樣也有五官百骸，終究是皮相而已。

以元劇大家關漢卿而言，長期的下階層生活歷練和豐富的舞臺經驗，使得他的劇作充滿了感人的生命力量。譬如〈竇娥冤〉一劇是本典型受冤屈迫害的公案劇，其中用以貫串情節的主角竇娥，便是個具有鮮明個性的典型人物。劇作家基於人性、現實和文化的深刻認知，選擇了天道觀念的這條線索，寫出竇娥矛盾、掙扎的心路歷程，同時也激起了觀衆一向信仰的強烈震盪。拙著〈從天道觀念的轉變看竇娥冤〉一文即指出：

「作爲一個客觀的劇作家，關漢卿可以說抓住了人心深處的共鳴點，從天道假象的寄託、懷疑，乃至否定，在〈竇娥冤〉一劇中寫出了人類共同的悲劇。而在他藝術技巧的高度運用下，這一整個天道觀念轉變的歷程，又同時串織了〈竇娥冤〉緊湊高張的劇情結構。〈竇娥冤〉一劇的精神與意義在此，關漢卿的深刻與高明亦在於此。」（註五九）

事實上，一部好的劇作便是理該如此，角色的性格、情節的組織等，都在自然而然的情況下逐步發生，沒有絲毫的雜湊、沒有絲毫的勉強。王國維認為「即列之於世界大悲劇中，亦無愧色也」（註六〇），又豈是偶然的？

而同樣是公案劇，多數作家固然也有感於政治、社會的黑暗，希望透過戲劇予以反映、批判，但是在長期大量創作的情形下，主要情節慢慢統一而為標準化的模式，甚至原本具有特殊意義、效果的一些情節設計，也逐漸模糊為司空見慣的俗套了。試想想，楔子裏交代個「百日血光之災」，為了避災，於是「南昌買賣去」。然後就在期限將滿的歸途上，被人殺害了。訴訟過程中，由於惡人「舒指示賄」，貪官污吏狼狽為奸，冤屈自然無以申訴。不得已，只好鬼魂現身，由包公代為伸張公義，至此一干貪官惡徒方才乖乖受刑就範，大快人心。這樣的一種模式結構，劇作家如果沒有深刻的社會體驗和人生思考，充其量也不過是一本人名、地名、情節、語言稍作更動的規格產品罷了。梁廷枏《曲話》即謂：

「〈灰闌記〉、〈留鞋記〉、〈蝴蝶夢〉、〈神奴兒〉、〈生金閣〉等劇，皆演宋包待制開封府公案故事，賓白大半從同。而〈神奴兒〉、〈生金閣〉兩種，第四折魂子上場，依樣葫蘆，略無差別。」（註六一）

又如王實甫的〈西廂記〉，在〈董西廂〉的基礎上進行了「刮垢磨光」的工作，使得反封建婚姻的命題，更加鮮明地反映在整個劇本之中。它曲折而浪漫的情節安排，尤其是月夜聽琴那種情意交流的唯美描繪，必然深深打動了封建社會中無數上層男女青年的心。也就是說，從精神或心理的層面而言，〈西廂記〉事實上是相當貼切而實際地爲那時代留下了另一種證言。但同樣良家男女戀愛的劇本，特別是那兩本抄襲的〈傷梅香〉、〈東牆記〉，便不復自己的生命，而只是模型的裝套了。

不僅於此，其他劇情模式化的元雜劇莫不皆然。所以模式俗套充斥的元代劇壇，最嚴重的問題恐怕是劇作家習慣於從模式中去撐架結構，而不知從眞正的情性、人生，去孕育一種具生命有機組織的劇本。

二、減弱故事之凝聚力，惡化結構比例的偏重

我們都知道，合曲、科、白以敷演故事，乃是傳統戲劇的基本型構。而因之醞釀出來的歌舞詮釋方式，一般也被視爲中國戲曲的一大特點。不過這種特點之於戲劇性，卻有著見仁見智的不同看法。梁淑安在〈近代傳奇雜劇的嬗變〉一文中，提出了如是的意見：

「中國戲曲的起源，是與音樂、舞蹈相伴隨的。……傳奇雜劇以詩（曲）爲主要舞臺語言，用歌唱的方式表達出來。說白也韻律化、音樂化了，叫做韻白，……語言的韻律化、音樂化，要求動作與之相適應，便產生了身段。舞台身段則是將現實生活中的行動加以誇張和舞蹈化，以後逐漸形成一種戲曲程式。……而在傳統觀念中，重曲輕戲的頭足倒置的傾向非常嚴重，……這種傾向嚴重地阻礙著戲劇的發展。」（註六二）

因爲認定了歌舞和戲的矛盾，所以作者以爲「歌和舞的因素在戲中愈是充分施展，戲劇性的因素

便愈是受到排擠和壓抑」。但是蘇國榮《中國劇詩美學風格》一書則有不同的論點：

「中國戲曲和西歐的古典戲劇，都是敍事詩和抒情詩相結合的產物。……但是在二者結合中，又各自體現出鮮明的個性。中國劇詩具有濃鬱的抒情性，主體往往憑其獨立的內心活動自己站出來表現自己；而西歐歌劇詩則更多地按照本來客觀的形狀去描述客觀事物。這就決定了二者的戲劇性的表現方式也有顯著的差別。戲劇性動作雖都是內心動作向外部動作的轉化，但在這轉化過程中，西歐戲劇一般是較快地完成了這一轉化過程，迅捷地由內心動作轉向外部動作，戲劇動作帶有更強的外在實體性；而中國戲曲在完成內心動作向外部動作轉化過程中，則更多地流連徘徊於內心活動之中，側重於內在情感的盡情抒發，……」（註六三）

基於「中國戲曲多在內心的律動中展示戲劇性」的體會，作者因此肯定「這種戲劇性帶有很強的抒情性」，而最善於抒發內心情感的歌與舞，不僅不會阻礙戲劇性的展開，且是「展開戲劇性的重要手段」。

其實，拿黑格爾的話來說，戲劇體詩是「史詩原則和抒情詩原則的統一」（註六四）（所謂「史詩原則」即敍事詩原則）。敍事詩原則可以說反映了戲劇本質的問題，而在中國詩歌發展的歷程裏，抒情詩一直居於主流的地位，所以戲劇形成的抒情詩原則，在此便無形中偏重而成了仁智互見的文化特色。梁、蘇二人的看法，正具體顯現了這方面的歧見。

我們當然不能也不必去壓制文化特色在文學中的自然流露，但基於本末的考量，就戲劇來說，抒情詩委曲盡情的內心抒發，仍應該是直接間接地串聯在主要的戲劇線索之上，而同時又都能凝聚並有助於故事的敷演。譬如說〈竇娥冤〉第一折中，關漢卿連用〈點絳唇〉、〈混江龍〉、〈油葫蘆〉、〈天下樂〉四支曲子，來吐露竇娥守寡生活的煎熬掙扎。不可否認地，這些都是純粹的抒情詩，沒有所謂強烈的「外在實體性」，但對竇娥血淚交織的一生以及外在環境改變下竇娥性格的轉化，它們無疑是有著相當的說明作用。而對照張驢兒父子介入的情節轉變，竇娥的堅貞執拗，在此也先有了情感的伏筆。又如第三折裏〈端正好〉、〈滾繡毬〉兩曲對天地的質疑埋怨，可以說是竇娥滿腔哀怨的迸現。但更重要的是，這根串聯全劇的天道觀念的線索，至此有了劇力萬鈞的對立衝突，使得〈竇〉劇的悲劇力量空前高張。

敘事詩與史詩原則的統一，在這樣的劇本裏，可以說有著饒具特色的發揮。不過，戲劇主線的緊密掌握，以及劇本組織中每一單元的渾合無間，我想該是它必備的條件。李漁《閒情偶寄》一書即指出：

「嘗謂曲之有白，就文字論之，則猶經文之於傳註。就物理論之，則如棟梁之於榱桷。就人身論之，則如肢體之於血脈。非但不可相輕，且覺稍有不稱，即因此賤彼，竟作無用觀者。故知賓白一道，當與曲文等視。有最得意之曲文，即當有最得意之賓白，但使筆酣墨飽，其勢自能相生。」(註八五)

這裏所謂的「筆酣墨飽」，當然不單純是作者的文字才情而已。因為如果沒有主題思想和故事情節的凝聚力，它們又如何「自能相生」呢？元雜劇結構的偏重曲文，除李漁以外，歷來曲論也多所論及。尤其末本、旦本一人主唱的獨特方式，更使得此種偏重益形彰顯。在這樣的情況下，俗套蹈襲的一再出現，無異使得元雜劇結構不均的現象雪上加霜，更形惡化了。因爲大量的俗套蹈襲，首先必然會嚴重稀釋故事情節在劇本中凝聚一切的力量。譬如說看慣了官人下跪或伸指示賄的老套，公案劇揭發黑幕的震撼性當然會減弱不少；習見於月夜聽琴的情節，戀愛劇暗通情愫的浪漫也必日漸褪色。而功名劇中整折歷數古來得志與不得志兩種人的習套，度脫劇末折群仙上場、一一介紹的公式，更與劇情不正面關涉而幾乎爲可有可無。至於效顰〈西廂〉的〈㑳梅香〉、〈東牆記〉這一類劇本，則故事情節已失環環相扣的引人意義，所剩的便只有四組套曲中作者呈現的才情與功力了。

很顯然地，對全面性的戲劇而言，元雜劇偏重曲文的結構方式是不盡妥適的。後來當雜劇逐漸式微之際，雜劇的傳奇化和短劇的興起，便都是著眼於情節的緊湊完整，對原本雜劇的結構、規律，進行了不得不然的解放運動。而這一切，在元雜劇俗套蹈襲的泛濫中，早就惡化而被突顯出來了。

三、情節牽強湊合，違背結構新創自然的原則

李漁編劇，力主新奇，他對當時割裂衆劇、「但有耳所未聞之姓名，從無目不經見之事實」的「新劇」，極表不滿，認爲它們有如「老僧碎補之衲衣，醫士合成之湯藥」，根本沒有作者自己的創意。所以，在《閒情偶寄》中，他如此亟亟主張：

「古人呼劇本爲傳奇者，因其事甚奇特，未經人見而傳之，是以得名，可見非奇不傳。新即奇之別名也，若此等情節，業已見之戲場，則千人共見，萬人共見，絕無奇矣，焉用傳之。是以塡詞之家務解傳奇二字，欲爲此劇，先問古今院本曾有此等情節與否？如其未有，則急急傳之。否則徒費辛勤，徒作效顰之婦。東施之貌，未必醜於西施，止爲效顰於人，遂蒙千古之誚。……吾謂塡詞之難，莫難於洗滌窠臼，而塡詞之陋，亦莫陋於盜襲窠臼。……」（註六六）

不錯，新奇是劇作家編劇的基本考量，但過於追求創新巧妙的情節安排，卻往往會流於不盡合情理的偏差。如何熟視生活、揣摩人情，使得劇情的巧妙安排，是在自然而然之中水到渠成，更是劇作家所不可忽視的。元雜劇裏描寫良賤間的戀愛，充斥著的是在妓女惺惺相惜之下，落魄文人科舉得第的圓滿收場。關漢卿的〈救風塵〉一劇，雖然也有一個喜劇的結尾，但是其中妓女宋引章喜歡周舍，因而無知上當，引發妓女自救的故事安排，反讓人一新耳目。劇中趙盼兒色誘周舍、計騙休書的情節，基本上都從人性的深處出發，所以描寫極巧妙，卻無一不合情理，可以說是一個最好的「脫窠臼」的範例。

又如馬致遠的〈漢宮秋〉一劇，是帝王的戀愛故事。不同於一般元雜劇三折高潮、四折收場的慣例，它的劇情在第三折便已結束。而在第四折，空蕩蕩的舞臺上，漢元帝獨自面對美人圖，回首傷感。作者在這裏插進昭君入夢的一段情節，接著因雁聲的驚醒，元帝百感交集，在接連幾支曲子裏唱出了帝王無奈的心聲。值得注意的是，這些情節的安排，並非獨此一家的新創，兪大綱便很懷疑它「受到白仁甫〈梧桐雨〉的影響」。（註六七）不過，儘管結構大致相同，但在故事的處理上，「線索分明，人物性格較統一」，俞氏也認為無損於〈漢宮秋〉的「創造價值」。其實，仔細分析劇本，便不難看出美人圖乃是貫串全劇的主要線索，它的每一次出現，都具備著故事發生、變化、收場的關鍵意義。而在線索自然串繫和充分伏筆的情況下，第四折的可能模仿，便一點不覺勉強湊合而使之減色了。

由此可見，即使情節上難免雷同，但在順乎人情事理的自然原則下，劇作家的創作仍自有它獨立的生命存在。而如果不衡量整體，只是一味地湊合硬套，則其結構的失敗，也就可以預見了。譬如說《史記》卷七十〈張儀列傳〉中，記載蘇秦為激勵張儀，故意加以冷落而暗裏假手他人幫助。元人〈凍蘇秦〉一劇，將此段情節反轉運用，來寫蘇秦始困終亨的故事。在特殊的戲劇情節安排之中，仍頗見自然新創之意義。乃〈王粲登樓〉、〈舉案齊眉〉、〈漁樵記〉諸劇，情節既非原有，也都一一套用，便不免稍嫌牽強了。

其他如前面提及的「歷數古來得意與不得意兩種人」之俗套，「列仙上場、一一介紹」的收場公式，既無關於劇情的推展，只能說是結構上可有可無的湊數了。又如〈哭存孝〉、〈老君堂〉、〈飛刀對箭〉、〈衣襖車〉、〈存孝打虎〉等劇對戰爭場面的描繪，都是在實際情節之後，又千篇一律地藉由「探子回報」複述一遍。或許它多少產生了渲染、強化的作用，但幾近整折的敘述，在結構上造成的重複、冗長，乃至把事件導向不必要方向的負面影響，卻無論如何是難以否認的。

伍 結 語

金、元之際，雜劇在經過長時間的孕育之後，終於活躍舞台之上且蔚爲一代的文學表徵了。它不僅是中國戲劇的隆重開場，也是整個敘事文學的一座重要里程碑。它的形成，當然是前此中國社會、文化、文學各種背景因緣際會的凝聚，而形成後的它，無疑也就影響了往後中國戲劇的特色和發展。在這樣的情況下，元雜劇獨擅曲詞唱腔而不重關目結構的基本形態，恐怕是最值得我們注意的了。因爲從敘事文學的觀點來看，如此的基本形態卻註定了中國戲劇長於抒情的詩劇特色，而大大削弱了植基於完整結構的敘事精神。過去的曲學研究者在列舉元劇中片段的蹈襲情況之餘，也都指出了它拙於關目結構的問題。但除此之外，並沒有全面的整理、探討。本文以現存一百六十一種元人雜劇，將其中俗套蹈襲的現象加以歸納，並依範圍大小作分項的討論。希望透過較詳盡的列舉，我們可以深刻了解在這些現象重疊交錯時，所呈現出來的元雜劇結構之嚴重缺陷。同時進一步分析它們的成因，使滲透在戲劇之中的文化、文學、社會等諸般因素，得以盡量釐清，俾有助於元雜劇特色的另一層體會。最後則嘗試說明它們對元雜劇結構的影響，使元雜劇偏擅的特色與其不得不然的發展走向，先從它本身找出先天而決定性的因子。當然，這些或許都只能點到爲止，但作爲一個個人研究的開端，這篇小論文的意義，也正在於此。

【註　釋】

註　一　見該書卷一〈詞曲部〉〈結構第一〉（長安版）。

註　二　見前引書卷一〈詞曲部〉〈結構第一〉〈密針線〉條。

註　三　見王國維《宋元戲曲考》第十章〈元劇之存亡〉中之論證（商務版）。

註　四　依鄭騫《景午叢編》上〈元雜劇的紀錄〉一文所統計（中華版）。

註　五　見該書第一章〈現存元人雜劇總目〉（順先版）。

註　六　同註三第十二章〈元劇之文章〉。

註　七　見姚華《曲海一勺》第四〈駢史〉（收中華版「新曲苑」第二冊）。

註　八　最初發表三十六劇情之說的，是一七二〇年至一八〇六年間的義大利劇作家卡爾洛·閣契(Carlo Gozzi)，但僅有此說，而不曾舉出例證。德國劇作家席勒(Schiller)不信此說，想再多找出幾種例證來，結果連三十六種也不曾找全。直到二十世紀初，法國的喬奇·朴爾蒂(Georges Polti)閱讀了一千部名劇和兩百種詩歌、小說、歷史之類的書籍，才肯定了此三十六種戲劇境遇，實爲人生本質的概括。此引自周貽白〈三十六種劇情的檢討〉一文（收《周貽白戲劇論文選》，湖南人民出版社）。

註　九　收《東北師大學報》（哲學社會科學版）一九八六年第二期。

註一〇　見曾永義《中國古典戲劇論集》所收〈中國古典戲劇的特質〉一文（聯經版）。

註一一　此自羅錦堂病《太和正音譜》與《青樓集》之分類，然其另作之分類，又爲胡適所批評（見陳萬鼐《元明清劇曲史》第十六章〈元雜劇分類〉引，鼎文版），便不難想見。

註一二　周貽白即以為：「中國的戲劇，自唐宋歌舞插入故事表演算起，到現在已有近千年的歷史了。截至目前的皮黃劇為止，其一貫的原則，大抵尚未超過元人雜劇的所謂十二科。」同註八前引文。

註一三　以鍾嗣成《錄鬼簿》記錄的元雜劇四百餘本，鄭振鐸即認為以公案故事作為題材的總在十之一以上（見其《中國文學研究》所收〈元代公案劇產生的原因及特質〉一文，明倫版）。而若將鄭氏及羅錦堂所列公案劇合計；則至少包括了〈蝴蝶夢〉、〈竇娥冤〉、〈魯齋郎〉、〈緋衣夢〉、〈後庭花〉、〈金鳳釵〉、〈生金閣〉、〈救孝子〉、〈魔合羅〉、〈灰闌記〉、〈勘頭巾〉、〈殺狗勸夫〉、〈陳州糶米〉、〈硃砂担〉、〈合同文字〉、〈神奴兒〉、〈盆兒鬼〉、〈十探子〉、〈馮玉蘭〉、〈留鞋記〉、〈酷寒亭〉等二十餘本。

註一四　收《文學評論》第四集（書評書目）。

註一五　見該論文第一章第二節〈水滸戲曲目錄及內容〉（台大六十七年碩士論文）。

註一六　見該書卷二（收鼎文版《歷代詩史長編》二輯八冊）。

註一七　四種中的〈舉案齊眉〉，另外的〈破窰記〉，同屬羅氏分類中的家庭劇。

註一八　收中華版《散曲叢刊》四冊。

註一九　見該書〈雜論第三十九上〉（收鼎文版《歷代詩史長編》二輯四冊）。

註二〇　〈㑳梅香〉屬羅氏分類中的風情劇。

註二一　同註十六前引書。

註二二　見其「〈東牆記〉與〈西廂記〉」一文（收《宋元明清劇曲研究論叢》，香港大東圖書公司）。

註二三　如〈青衫淚〉第三折中「我則道蒙山茶有價例，金山寺裏說交易」，〈紫雲庭〉第一折裏「我唱道那雙漸臨川令，他便腦袋不嫌聽。提起那馮員外，便望空裏助采聲。把個蘇媽媽，便是上古賢人般敬。我正唱道不肯上販茶船的小卿，向那岸邊廂刁蹬……」（見世界版《全元雜劇》初編四冊、九冊）。

註二四　〈販茶船〉劇雖不傳，但《雍熙樂府》中收錄以此故事譜曲者不下七、八套之多，足見當時流傳之廣。

註二五　明梅禹金〈青泥蓮花記〉載〈販茶船〉劇事，有「小卿在茶船，月夜彈琵琶甚怨」之語。

註二六　收明倫版《中國文學研究》一書。

註二七　度脫劇一詞，始見於日人青木正兒《元人雜劇序說》第二章〈雜劇之組織〉（長安版）。

註二八　見該書第三章〈現存元人度脫劇作考述〉（高師六十七年碩士論文）。所列之前十四種即羅氏道釋劇中之道教劇，而後四種則屬釋教劇的弘法度世一類。

註二九　此可參看胡可立〈柳翠劇的兩種類型〉一文（收《文學評論》第四集）。

註三〇　同註十六。

註三一　羅氏收八本，其中〈救風塵〉一劇社會意義較濃，而〈㑳梅香〉則因仿〈西廂記〉，已列入良家男女戀愛劇型討論。餘六本爲〈玉鏡臺〉、〈望江亭〉、〈調風月〉、〈揚州夢〉、〈謝天香〉、〈風光好〉。

註三二　即〈來生債〉、〈冤家債主〉、〈看錢奴〉三本。

註三三　同註一前引書卷五〈演習部〉、〈脫套第五〉。

註三四　世界版《全元雜劇》初編、二編、三編、外編，大致收較早、較完整的版本為正本，另取一、二可資參證者為別錄。本論文所引基本上即取正本部分為據，不另一一註明。又〈魔合羅〉一劇最前為楔子，《全元雜劇》所收《何煌就元刊本校脈望館藏古名家本》，誤混入第一折，此特作說明。

註三五　另有一本鬼魂出現的〈硃砂擔〉，則不假人間的助力，而以冥判出之。但由其中神祇顢頇腐敗的描寫，似乎仍是官場黑暗的反映為主。

註三六　同註十六。

註三七　如〈牆頭馬上〉、〈倩女離魂〉、〈碧桃花〉、〈東牆記〉等劇。

註三八　如〈西廂記〉、〈倩女離魂〉、〈㑳梅香〉等劇。

註三九　統計歸納元劇上場詩，並分析其意義，拙著《元雜劇所反映之元代社會》（六十九年政大博士論文），已列舉極多。唐文標《中國古代戲劇史初稿》（聯經版）亦以此種套用現象，分析民間戲的早期模式，並可資參證之用。

註四〇　同上註所引書第十二章〈套語〉一節。

註四一　另〈伊尹耕莘〉、〈不伏老〉二劇亦有此逗笑套語。

註四二　見其《霜厓曲跋》卷一（收中華版《新曲苑》第三冊）。

註四三　見該書卷四（收鼎文版《歷代詩史長編》二輯八冊）。

註四四　同註十六。

註四五　見《南京大學學報》一九八七年第四期。

註四六　見吉川幸次郎《元雜劇研究》下篇第一章〈元雜劇的構成〉（藝文版）。

註四七　同註一卷一〈詞曲部〉〈詞采第二〉〈忌塡塞〉條。

註四八　同註七。

註四九　同註三第十二章〈元劇之文章〉。

註五〇　收僶勉版《宋元戲曲考八種》。

註五一　見該書第一編第八節〈平民文學家之出幕式〉（鼎文版）。

註五二　如王驥德《曲律》卷三有關曲、白非出一人的討論即是。又吉川幸次郎《元雜劇研究》下篇第一章〈元雜劇的構成〉，於此略有探討，可參看。

註五三　見第四章〈元代雜劇〉（學藝版，書名改爲《中國戲劇發展史》）。

註五四　宋、元間流行書，見註三九唐文標前引書第十二章〈民間戲的早期模式〉。

註五五　同註五四。

註五六　同註四六。

註五七　其實風情劇除〈救風塵〉外，均可納入文人劇中。釋教輪迴劇僅只三本，都以因果輪迴爲其主旨。家庭劇則是從不同角度探討家庭問題，如〈羅李郎〉、〈看錢奴〉、〈東堂老〉、〈冤家債主〉、〈殺狗勸夫〉諸劇，乃寫敗家子弟故事。又所謂戰爭劇大多屬羅氏分類中的〈歷史劇〉，其情節設計往往有「探報重述」的俗套，此可參商韜《論元代雜劇》一書〈元雜劇的戲劇結構〉一章（齊魯書社）。

註五八　見趙如琳譯著《戲劇藝術之發展及其原理》下篇第一章〈戲劇是甚麼〉（東大版）。

註五九　載《孔孟學報》第五十一期。

註六〇　同註三前引書第十二章〈元劇之文章〉。

註六一　同註十六。

註六二　收《中國社會科學》一九八三年第三期。

註六三　見該書「言之不足則歌之舞之」一章（丹青版）。

註六四　《美學》第三卷，朱光潛譯（里仁版）。

註六五　同註一卷三〈詞曲部〉〈賓白第四〉。

註六六　同註一卷一〈詞曲部〉〈結構第一〉〈脫窠臼〉條。

註六七　見其「〈梧桐雨〉和〈漢宮秋〉」一文，收《戲劇縱橫談》一書（傳記文學版）。

試論賈仲明的八十首〈凌波仙〉挽曲

壹　前　言

元代是我國古典戲曲成熟的時期，也是戲曲蔚爲一代文學表徵的黃金時代。而隨著雜劇作家、作品的大量湧現，以及戲曲藝術的日益完善，比較專門的戲曲論著，也就開始陸續問世了。燕南芝庵的《唱論》，是前人歌唱經驗和當時戲曲演唱實踐的理論總結；夏庭芝的《青樓集》，則記錄了元代一百多個歌伎的戲曲專長和生活片段，兩者都偏重在戲曲演出的層面。（註一）另外，周德清的《中原音韻》，從音韻、曲律和造語諸方面，概括地闡述了寫作北曲的方法和要求，可說同時提供了創作者與唱曲者初步的規範、指導。至於眞能將評論的視野，從演員轉移到劇作家身上，同時又把戲曲創作視爲考察的重點，爲元人雜劇留下光榮見證的，那就是鍾嗣成的《錄鬼簿》了。

《錄鬼簿》一書包括作家小傳一百五十二人，作品名目四百餘種，初稿完成於元至順元年（一三三〇），又在元統、至正年間訂正過兩次（註二），這是今日研究古典戲曲與金元文學的寶貴材料。其中「方今已亡名公才人余相知者」一類，自宮天挺至周文質共十九人（註三），鍾嗣成皆爲之作傳，並以〈凌波仙〉曲弔之。這種「文以紀傳，曲以弔古」的組合（註四），爲我國戲曲理論批評開創了一種獨特形式，使劇作家生平的記述和風格的品評融爲一體，而獲致較全面性的觀照。如果我們再進一步分析，則這一系列〈凌波仙〉曲，不僅使原本只是資料性的作家小傳與作品目錄，成爲進一步建立作家風格論評的基礎。同時，它生動而富形象性的以曲論曲方式，更一脈相傳地承繼了中國文學裡論詩絕句的批評傳統。（註五）

不錯，在中國戲劇史的領域裡，鍾嗣成的〈凌波仙〉曲，無疑有著相當開創性的意義。但是，數量的不足，和以曲論曲方式本身的局限性，都使得它的效果不免打了折扣。而爲同時「相知者」挽弔的本意，也讓這些曲文充分流露著緬懷故人、悲時傷遇的感情（註六），相對減低了它的理論價值。正因爲如此，明永樂二十年（一四二二），賈仲明從關漢卿以下凡八十九人，增補的挽曲〈凌波仙〉八十首（註七），自然就彌足珍貴了。

賈仲明，《太和正音譜》作「賈仲名」。依天一閣本《錄鬼簿》永樂二十年所作的〈後序〉，知其約生於元至正三年（一三四三），作此序時年已八十，是由元入明的雜劇作家。作品可考者共十七種，其中尚存的有〈對玉梳〉、〈菩薩蠻〉、〈玉壺春〉、〈金童玉女〉、〈昇仙夢〉、〈裴度還帶〉六種。（註八）《錄鬼簿續編》傳略云：

> 天性明敏，博究群書，善吟詠，尤精於樂章、隱語。嘗侍文皇帝於燕邸，甚寵愛之，每有宴會應制之作，無不稱賞。……天下名士大夫，咸與之交。所作傳奇、樂府極多，……一時儕輩，

率多拱手敬服以事之。（註九）

這樣跨越兩代的身世背景，自然使他在論述戲曲時，有著綜結一代的視野和便利。而王府幕客與交遊名士的豐富閱歷，也必會在作家生平、雜劇劇目的了解上有所助益。至於本身可觀的創作經驗，對批評時知深言切的作用，那更是毋庸置疑的了。更重要的是，《錄鬼簿》中首列的公卿大夫四十四人，大多是以歌曲詞章傳世，未嘗擅於編劇。其餘自關漢卿以下百餘人，有了鍾嗣成原本的弔曲，再加上賈仲明「拾其遺而補其缺」（註一〇），增補的八十首〈凌波仙〉曲，挽弔感懷的色彩漸淡，記錄評論的意味則相對明顯的增加。因此，就以曲論曲的特殊課題而言，不管從內容作實質的分析、或自形式上進行意義的討論、賈仲明的這八十首〈凌波仙〉曲，絕對是有其研究價值的。

貳　八十首〈凌波仙〉挽曲的內容分析

賈仲明在挽李進取〈凌波仙〉曲中提及：「鍾父留芳簿，老夫詞弔挽，著大名散滿人間。」另外，挽高可道等人時，也如是寫道：「繼先翁定了事跡，老夫將頭尾挽弔收拾。」一再的說明，都指出了他增補的〈凌波仙〉曲，乃是以《錄鬼簿》所提供的資料爲基本素材。不過，「拾其遺而補其缺」的創作動機，也必然讓他作了相當程度的增修工作。而就在這樣的基礎上，賈仲明進行了記錄、敘述、比較、鑒賞、評論的加工，也有意無意的表達了他對戲劇的某些觀感和理念。今天，我們分析、歸納這一系列的〈凌波仙〉挽曲，雖不免吉光片羽，卻仍可理出相當可觀的頭緒，茲列述如下：

一、元雜劇興盛的歷史考察

王國維曾把元代雜劇的發展分成三個時期。第一個時期爲「蒙古時代」，時間是「自太宗取中原以後，至至元一統之初」；第二個時期爲「一統時代」，時間是「自至元後至至順後至元間」；第三個時期爲「至正時代」。他並認爲此三期中，「以第一期之作者爲最盛，其著作存者亦多。元劇之傑作，大抵出於此期中。」（註一二）

王氏的分期，基本上是以《錄鬼簿》爲依據的。卷上所錄的作者五十七人，即其所謂的「蒙古時代」。至於卷下「已亡名公才人，與余相知或不相知者」和「方今才人」的分類，則是他所分的「一統時代」、「至正時代」。這樣的分期，雖然頗能見出雜劇由北漸南的發展脈絡。但未能考量劇作家的少長壽夭，以及他們不同的創作生命，而一歸諸截然劃分的方式，這顯然是極爲粗糙的。王氏在書中亦曾提及，如馬致遠、尙仲賢、戴善甫、姚守中、李文蔚、趙天錫、張壽卿、侯正卿諸人，皆曾「游宦江浙」，所以勉強推測「或爲晚年之事」的解釋，多少已透露了年代斷限不易明確的困惑。

事實上，賈仲明〈凌波仙〉挽曲的一些記錄，頗能有助於元雜劇繁榮時間問題的解決。如：

一時人物出元貞，擊壤謳歌賀太平。傳奇樂府時新令，錦排場起玉京。……白仁甫、關漢卿，麗情集，天下流行。（挽趙子祥）

教坊總管喜時豐，斗米三錢大德中。……（挽張國賓）

……劉耍和贅爲婿卿，花李郎風月才純。樂府詞章性，傳奇么未情、考興在大德元貞。

（挽花李郎）

……元貞年裡，昇平樂章歌汝曹，喜豐登雨順風調。茶坊中嗑，勾肆裡嘲。明明德，道泰歌謠。

（挽趙明道）

……元貞大德乾元象。宏文開，寰世廣，闡玉京燕趙壇場。……（挽趙公輔）

唐虞之世慶元貞，……見傳奇舉世行，向雨窗托興怡情。……（挽顧仲清）

元貞大德秀華夷，至大皇慶錦社稷，延祐至治承平世。養人才編傳奇，一時氣候雲集。……

（挽狄君厚）

元貞書會李時中、馬致遠、花李郎、紅字公，四高賢合捻黃粱夢。……（挽李時中）

在以上列舉的挽曲裡，賈仲明再三提到元貞、大德間（一二九五～一三〇七）雜劇蓬勃展現的盛況。就史實而言，北方的元王朝於一二六七年修建新城大都以後，這個都城遂在原來金院本流行的基礎上，成了雜劇繁盛的中心。及至南宋滅亡（一二七九），元王朝統一中國，隨著政治勢力的勃興，北雜劇於是更出現了極盛的局面。元貞、大德是成宗的治世，自是可想而知。另外，從作家的情形來看，元曲大家的關漢卿、白樸、馬致遠等人，都活到了這個時期（註一二），挽曲中「玉京書會」、「元貞書會」的活躍一時，正是雜劇蓬勃發展的重要標誌。我們如果拋開劇作家生卒年代斤斤考證的方式，而改以劇壇實際活動爲論斷的依據，那麼挽曲裡「一時人物」、「天下流行」、「茶坊中嗑，勾肆裡嘲」、「燕趙壇場」、「傳奇舉世行」的描述，不也足爲雜劇風行的旁證嗎？吉川幸次郎雖也顧慮賈仲明「有把較早的作者輓爲元貞、大德的錯誤」，但仍承認這是一個「雜劇作者大可活動的時代」（註一三）；張庚、郭漢城則全採信賈仲明，以爲「從元統一南北以後，到至治年間，特別是元貞、大德之際，北雜劇是十分繁榮的。」（註一四）我想都是如此著眼的。

而在指出元貞、大德之際雜劇繁盛的同時，賈仲明也已注意到書會發展與此的緊密關聯。這是戲曲研究者第一次明確標舉元代書會的存在意義，在戲劇史上自有它不可忽視的價值。事實上，在宋元時代，凡是對教坊技藝或劇團提供腳本的人，都可稱爲「才人」，至於這些人組織成的團體則叫做「書會」。（註一五）譬如說雜劇〈藍采和〉第一折中，便有「這的是人才書會刬新編」的對白（註一六）；南戲「這番書會要奪魁名」、「再壓著御京書會」的句子（註一七），這些都說明劇壇上書會存在的事實。

從前列的挽曲中，我們看到了「傳奇樂府時新令，錦排場起玉京」、「闖玉京燕趙壇場」、「元貞書會李時中……」的介紹。另外，挽岳伯川的〈凌波仙〉曲，也提及了「玉京燕趙名馳」。這樣馳名遠近的書會，再加上參與其中的關漢卿、孟漢卿、趙公輔、岳伯川、趙子祥、李時中、馬致遠、花李郎、紅字公等劇作家，我們幾乎可以想見其一時盛況。無怪乎賈仲明會以「載其前輩玉京書會燕趙才人、四方名公士大夫……」（註一八），爲鍾嗣成《錄鬼簿》的主要成就了。

教坊藝人的投身創作，無疑是元雜劇早期興起、也是它們能夠適應舞台搬演的原因之一。挽曲中特別標示出趙敬夫「教坊色長」、張國賓「教坊總管」的身分，或許就有著如此的意涵。而挽李時中一曲，提到元貞書會李時中、馬致遠、花李郎、紅字公四人合編〈黃粱夢〉，正可見在書會的牽合之下，文人和藝人學養、經驗相互融裁的情形。至於挽花李郎的「劉耍和贅為婿卿」，如果知道了劉耍和乃是「鼎新編輯院本」的金代教坊色長（註一九），紅字李二跟花李郎同是他的女婿。那麼，院本、雜劇之間一脈相承的關係，也便有些線索可尋了。

除了藝人、文人間的相互借重學習，文人與文人的彼此交流激盪，當然也是雜劇日趨進步繁榮的原因。在一系列的挽曲中，賈仲明都儘量記錄下他們的關係，如挽楊顯之的「莫逆之交關漢卿」、梁進之的「關叟相親為故友」、費君祥的「關已相從」等，即充分顯現了元劇大家關漢卿的交游與影響。另外，挽「振江淮獨步杭城」的朱凱，他寫下了「王彥中弓身侍，陳元贊拱手聽，包賢持拜先生」的切磋景況。而挽尙仲賢、戴善夫時，既指出了他們「同里同僚」、「相輔行」的情誼，挽張時起也不忘「與高文秀同軒里，同齋同筆」的介紹，至於王伯成的挽曲，則更提及「馬致遠忘年友，張仁卿莫逆交」。即使是最尋常的狀況之下，在挽紀君祥時，賈仲明仍不忽略「壽卿廷玉在同時」的可能意義。

雜劇是一種多樣化的藝術，它的發展取決於劇作家、演員、觀衆、相關技藝，以及社會背景等高度配合。元雜劇之蔚為一代文學，自有它的理由存在。在它光榮歇場後的不久，賈仲明的〈凌波仙〉挽曲，便進行了大要的時空探索，這對後世的戲曲研究，當然留下了極為寶貴的資料與見解。

二、作家、作品的整體風格評述

在中國戲曲史上，流派的區分討論，可以說是一個長久不歇的熱門話題。明王驥德《曲律》〈論家數〉云：

曲之始，止本色一家，觀元劇及《琵琶》、《拜月》二記可見。自《香囊記》以儒門手腳爲之，遂濫觴而有文詞家一體。……夫曲以模寫物情、體貼人理，所取委曲宛轉，以代說詞，一涉藻繢，便蔽本來。然文人學士，積習未忘，不勝其靡，此體遂不能廢。（註二〇）

臧晉叔的〈元曲選序〉則謂：

曲有名家、有行家。名家者，出入樂府，文采爛然，在淹通閎博之士，皆優爲之。行家者，隨所裝演，無不摹擬曲盡，宛若身當其處而幾忘其事之烏有；能使人快者掀髯，憤者扼腕，悲者掩泣，羨者色飛，是惟優孟衣冠，然後可與於此。故稱曲上乘，首曰當行。（註二一）

王驥德首先提出了「本色」、「文詞」之辨，接著臧晉叔又揭舉「名家」、「行家」之別。自斯而後，針對此一戲曲本質問題的探討，曲學家儘管變換了各種不同的用詞（註二二），但大抵總不離此一範疇。其實以語言的自然本色和修飾美化來區分作家的不同風格，在賈仲明的八十挽曲中，已略見端倪，如：

珠璣語唾自然流，金玉詞源即便有。玲瓏肺腑天生就，風月情忒慣熟，姓名香四大神州。驅梨

園領袖，總編修帥首，捻雜劇班頭。（挽關漢卿）

花營錦陣統干戈，謝館秦樓列舞歌。詩壇酒社閑談嗑，編敷演劉耍和。早年卒不登科，除漢卿一個，將前賢疏駁，比諸公么末極多。（挽高文秀）

先生清秀濟南人，風調才情武漢臣。登壇拜將窮韓信，老生兒關目眞，新傳奇十段皆聞。聽泉水，看暮雲，如此黃昏。（挽武漢臣）

萬花叢裡馬神仙，百世集中說致遠，四方海內皆談羨。戰文場曲狀元，姓名香貫滿梨園。漢宮秋青衫淚，戚夫人孟浩然，共庾白關老齊肩。（挽馬致遠）

風月營，密匝匝列旌旗。鶯花寨，明颩颩排劍戟。翠紅鄉，雄赳赳施謀智。作詞章，風韻美，士林中等輩伏低。新雜劇，舊傳奇，西廂記天下奪魁。（挽王實甫）

峨冠博帶太常卿，嬌馬輕衫館閣情、拈花摘葉風詩性。得青樓薄倖名，洗襟懷剪雪裁冰。閒中趣，物外景，蘭谷先生。（挽白仁甫）

語言脫灑不粗疏，輪墨清新果自如，胸懷倜儻多清楚。戰文場一大儒，上紅筆無半點塵俗。尋章摘句，騰今換古，噀玉噴珠。（挽庾吉甫）

以上所舉，當然是其中比較典型的例子。從關漢卿到武漢臣的三首挽曲裡，我們可以很清楚的看到情節眞切、出語自然的特點。而由馬致遠到庾吉甫的另四首挽曲，則是明顯充滿著「作詞章，風韻美」、「剪雪裁冰」、「尋章摘句，騰今換古，噀玉噴珠」的文采描繪。所謂「本色」、「文詞」的分辨，其實在這裡已經有了實質的指陳。

當然，作爲一種藝術的語言，但同時又是一種反映生活的舞臺語言，戲劇文學本來就容易衍生仁智互見的爭論。不過，我們必須了解，語言不可能獨立存在，它的表達取決於思想內容的要求。所以脫離作家內涵的性情、思想和生活體驗，而僅及於外現的語言形貌，多少是不切實際的。賈仲明在這一方面的可貴處，就在於他注意到了生活個性與藝術個性的必然關聯，從而自作家、作品的整體風格加以評述。譬如說，關漢卿的「捻雜劇班頭」而能「珠璣語唾」、「金玉詞源」，固然是由於「玲瓏肺腑天生就」的才性，但同時也因著「風月忒慣熟」的生活體驗。至於白樸「洗襟懷剪雪裁冰」的清新雅正風格，跟「峨冠博帶」、「館閣情」、「閑中趣，物外景」的文人學養、山水幽情，也確實若合符節。能夠如此全面觀照，自然不會失之偏頗浮面了。

而正因爲如此，這些戲劇大家，在賈仲明的眼中，是各具特色，難分軒輊的。關漢卿固是「驅梨園領袖，總編修帥首，捻雜劇班頭」，王實甫也同樣「士林中等輩伏低」，「曲狀元」的馬致遠，則足以「共庾白關老齊肩」。相對於這樣的識見，編成年代略晚的《太和正音譜》一書（註二三），以爲馬致遠「其詞典雅清麗，可與靈光、景福而相頡頏，……宜列群英之上。」評關漢卿，則謂：「觀其詞語，乃可上可下之才。蓋所以取者，初爲雜劇之始，故卓以前列。」（註二四），全以文詞爲評，可說是忽略戲劇的體質而不免於狹隘了。後世推美元劇大家，往往關、白、王、馬、鄭諸人並舉。（註二五）其中除鄭光祖一人，鍾嗣成已先挽弔外，賈仲明對這些人的肯定，是絕對足以說明其觀念與識見的。

三、主要戲曲觀念的呈現

賈仲明的一系列〈凌波仙〉挽曲，主要在劇作家與作品的記載、品評，當然無法建立起一套完整的理論架構。不過細心披尋，卻仍能理出此頭緒，以見證他主要的戲曲觀念。首先，值得一提的是，他認同鍾嗣成《錄鬼簿》的基本理念，充分肯定戲曲與劇作家的價值與地位。鍾氏在〈錄鬼簿序〉中曾謂：

余因暇日，緬懷故人，門第卑微，職位不振，高才博識，俱有可錄，歲月彌久，湮沒無聞，遂傳其本末，弔以樂章，……。若夫高尚之士、性理之學，以為得罪於聖門者，吾黨且噉蛤蜊，別與知味者道。（註二六）

在雜劇打破正統文學一統天下的元代，這樣的立論，當然是極為獨特而大膽的。而如果說《錄鬼簿》是第一部推崇元雜劇意義的曲學論著（註二七），那麼，賈仲明則是全面認識《錄鬼簿》價值並加以研究的第一人。其中於戲曲與作家地位的同樣看法，應該是彼此相契的一條主線。挽曲中如「集成鬼簿老鍾仙，錄上名公列衆賢」（挽于伯淵）、「鍾父留芳簿，老夫詞弔挽，著大名散滿人間」（挽李進取），一則稱「名公衆賢」、再則曰「著大名散滿人間」，其中推崇作家且以為可傳世不朽的意態，可說是極為明顯的。

而翻查這一系列稱頌的挽曲，從關漢卿的「姓名香四大神州」、馬致遠的「百世集中說致遠，四方海內皆談羨。……姓名香貫滿梨園」，到楊顯之的「寰宇知名」、王庸的「紙上芳名播九垓」等等，都是對編劇名公才人的高度肯定。即使被《太和正音譜》貶為「倡夫不入群英」的趙敬夫、張國賓、紅字李二、花李郎四位藝人（註二八），賈仲明也一視同仁的予以讚揚。如對教坊色長的趙敬夫，即比喻為「樂星謫降」，並稱許他的劇作「精微」，而加上「文敬超群衆所推」、「樂章興南北東西」的美評。

其次，在評論劇本時，賈仲明往往從關目布局著眼。這種對戲曲結構的重視，也是挽曲中極具意義的進步觀念。如：「〈因禍致福〉關目冷」（挽鄭廷玉）、「〈老生兒〉關目眞」（挽武漢臣）、「〈漢韋賢〉關目輝光」（挽費唐臣）、「〈貶夜郎〉關目風騷」（挽王伯成）、「〈兩無功〉……關目奇」（挽陳寧甫）、「布關串目高吟詠，〈牛訴冤〉巧用工」（挽姚守中）、「〈魔合羅〉一段題張鼎，運節意脈精」（挽孟漢卿）等，都再三提及關目，而以「眞」、「奇」、「輝光」、「風騷」為戲曲「布關串目」的訴求。

明代著名的曲評家李贄，認為一部成功的劇作應是關目好、曲好、白好、事好（註二九）；臧晉叔則於其〈元曲選序〉中，指出「情詞穩稱」、「關目緊湊」、「音律諧協」，為作曲的三難。（註三〇）到了清初李漁的《閒情偶寄》一書，討論戲曲的各項要件，便直書結構為第一了。（註三一）由關目結構在後世曲家心目中地位的漸次加重，賈仲明的卓越眼光，乃益發突顯。

除了關目之外，曲文與音律講求，也是賈仲明挽曲中另一個關注的重點。在文辭方面，他標舉了王實甫的「作詞章，風韻美」，庾吉甫的「語言脫灑不粗疏，翰墨清新果自如，……尋章摘句，騰今換古，噀玉噴珠」，石君寶的「佳句美」，王曄的「詩詞華藻語言佳」等。而在挽王仲文、張壽卿、李子中、喬吉諸人的曲中，則又不斷提示「曲調清滑」、「敲金句，擊玉聲」、「音律和諧」、「賞音協音」的音律考量。足見在評論作家、作品時，賈仲明是極重視文辭和音律這兩種因素的。而值得進一步注意的，乃是他文詞、音律的調和觀念。挽趙天錫的「顯新句，貯錦囊，金玉鏗鏘」，挽趙公輔的「尋新句，摘舊章，按譜依腔」，以及挽岳伯川的「言詞俊，曲調美」等，可以說都是此一觀念的具體呈現。周維培在〈一種獨特的曲論形式——讀賈仲明為《錄鬼簿》增補的挽曲〉這篇文章中，即如此的肯定了它的意義：

> 明中葉劇壇上，重曲律還是重文辭，曾展開過激烈的論戰，並形成了吳江派和臨川派等著名派別。其實，早在一百多年前，賈仲明就已經在挽曲中注意到總結「詞曲相合」規律，對明初雜劇創作案頭化趨向提出了批評。我們在討論沈湯之爭時，應該對賈仲明挽曲中的有關論述，給予應有的關注和研究。（註三二）

另外，賈仲明也流露了某種程度的戲曲教化觀，這出現在以下的兩種挽曲：

> 先生准擬聖門孫，析住平易一葉分。好學不恥高人問，以子稱得謚文，論綱常有道弘仁。捻東窗事犯，是西湖舊本，明善惡勸化濁民。（挽孔文卿）

> 于公爲陰德起高門，袁盎因夫人卻漢文，歷像演史全忠信。將賢愚善惡分，戲臺上考試人倫。大都來一時事，搬弄出千載因，辨是非好歹清渾。（挽王仲元）

明初，因著帝王的愛賞鼓吹，高明的《琵琶記》盛極一時。連帶的，他「不關風化體，縱好也徒然」的戲曲主張（註三三），也就產生了極普遍的影響。其後，邱濬的《五倫全備忠孝記》和邵璨的《香囊記》，則更流爲宣揚倫常的教條主義了。賈仲明固然也認爲戲曲有教化的功能，但他是在評論「聖門孫」的孔文卿、及王仲元《全忠信》的三本歷史劇時提出的。這種因特定人物、劇本而下的評語，和高、邱、邵諸人全面性的主張，畢竟是仍相逕庭的。

以上是八十首挽曲主要內容的分析，其他有關作家資料的補足、劇目的增列等，則屬零星片段，難成大體，就無需一一贅言了。

叁 〈凌波仙〉組曲形式的意義探討

中國是一個詩歌的民族，雖說傳統的文學觀念，是一種把各類應用文體也包括在內的雜文學觀念。但無可懷疑的，在長遠的歷史裡，詩歌創作一直是文學核心。而文學理論批評的開展，基本上也是以詩歌爲研究的主要對象。甚至因著這樣的傳統背景和歷史情結，在中國文學批評史上，我們可以看到一種獨特而又綿延不斷的批評傳統，那就是以詩歌形式來表達理論或批評的內容。當然，照傳統的文學觀念來看，詩是言志抒情的「有韻之文」，論則是研義析理的「無韻之筆」。本質上如此不同的兩類文體，一經新的組合，自然產生了殊異的特色，也不可避免的有著它先天的局限。這是詩歌文學、也是文學批評史上一個有意義的課題，值得深入去研究。

基於這樣的體認，賈仲明以曲論曲的八十首〈凌波仙〉組曲，除了內容的分析之外，它形式上的意義，自然也有必要一併加以討論了。以下嘗試從幾個方面著手：

一、以曲論曲形式的承傳意義

以詩歌形式來表達理論或批評的內容，一般都推杜甫的〈戲爲六絕句〉爲始祖。其實廣泛一點推論，西晉陸機的〈文賦〉，自身既爲一種文學作品，而其內容又爲論評的寄託，與後世論詩絕句的精神實極相近。只是詮理論評，本已不易，以雅重聲律、辭采的賦體爲之，尤其難上加難，自然就後繼無人了。另外魏晉六朝詩人詠史懷人的詩作，往往因詠及詩人，而與後世論詩絕句有了某種程度的連繫。及後杜甫的〈戲爲六絕句〉和〈解悶詩〉出，此種論詩體裁乃正式成立。

又其後南宋戴復古的〈論詩十絕〉，闡釋寫作或批評的理論；金元好問的〈論詩三十首〉，則具體品評作家或作品，這二者正好代表了論詩絕句的兩種派別。而除了論詩之外，論詞、論曲，乃至論畫、論印等絕句，在後來的流衍發展上，也是分枝茂密、經久不絕。當然、就廣義的詩歌角度而言，以詞論詞、以曲論曲方作品形式，也同樣可納入這一源遠流長的批評傳統裡。（註三四）

雜劇在元代成熟之後，由於雅俗共賞，很快的便獲得文人的喜愛，而往往成為他們吟詠的題材。其中以當時流行的曲子來描寫的，也所在多有。如杜仁傑〈般涉調〉〈耍孩兒〉的〈贈朱簾秀〉、趙明道〈越調〉〈鬥鵪鶉〉的〈名姬〉、張可久〈雙調〉〈折桂令〉的〈贈胡存善〉等（註三五），則大多數是文人對演員的題贈。這些內容固然涉及了戲曲，但仍屬敘述與酬贈的一般詩作心態。其後鍾嗣成《錄鬼簿》中挽宮天挺等十九人的〈凌波仙〉曲，雖說因挽弔的情懷而減低了以曲論曲中「論」的意味，卻至少已具意義了。至於賈仲明增補的八十首挽曲，有意記錄劇作家和作品並加論評的明確動機，以及洋洋八十首完整的組曲，無疑更強化了如此的意義。而明以後，朱權《太和正音譜》和呂天成《曲品》，對作家、作品風格所作的形象化、概括化的批評；沈璟〈二郎神〉套曲對戲曲理論闡發等等，都可以說直接間接的受到了這種批評傳統的影響。而若只就評論的對象來說，金德瑛的〈觀劇絕句〉三十首、凌廷堪的〈論曲絕句〉三十二首、舒位的〈論曲絕句〉十四首、吳梅的〈讀盛明雜劇〉詩三十首這一類的詩篇（註三六），也仍是「論曲」文學形式的餘波盪漾。

所以，今天我們探討這一系列〈凌波仙〉曲的形式意義，一方面須注意它們在「論曲」文學形式中的開創之功，另一方面也不應忽略它們在廣義詩歌批評傳統中承傳的地位。

二、〈凌波仙〉組曲所形成模式結構之試析

文學創作表達的過程中，形式與內容的互為影響，可說是一個不爭的事實。因此在分析賈仲明的

這一組挽曲時，我們似應考量如下的狀況：首先要注意的是他用了〈凌波仙〉這樣一個曲牌。元曲的句式和韻協，雖較詩詞爲寬，但平仄限制的嚴格，則有過之而無不及。依照曲譜，〈凌波仙〉的句法爲七七七五六三三四，整首八句押七處韻。另外首二句或三句對，三字的兩句亦宜對。由此看來，選用這首曲牌，它的技巧考驗與局限，是可以想見得知的。其次，我們還應考慮一點，那就是同樣的〈凌波仙〉曲，賈仲明共重覆運用了八十次而匯成一套可觀的組曲。另外，就內容而言，依挽高可道等人所說的「繼先翁定了事跡，老夫將頭尾挽弔收拾」，則這一系列挽曲，乃是以《錄鬼簿》所提供的作家資料爲基本素材。如此界定而有限的材料範圍、如此講究而拘束的文學形式，對全面批評與理論系統的建立，當然是極爲不利的。

而這一切，從八十首挽曲的模式結構，便可見到梗概了。我們仔細作一比較歸類，賈仲明全部挽曲的結構，事實上都可納入如下的三種主要模式。第一類是同時記錄作家、作品並加論述的一種模式，如：

伯成涿鹿俊丰標，公末文詞善解嘲。〈天寶遺事〉諸宮調，世間無，天下少。〈貶夜郎〉關目風騷。馬致遠忘年友，張仁卿莫逆交。超群類，一代英豪。（挽王伯成）

子章横槊戰詞林，尊酒論文喜賞心。疏狂放浪無拘禁，展腹施錦心。〈竹窗雨〉、〈竹塢聽琴〉，高山遠，水流深，戛玉鏘金。（挽石子章）

浙江少掾祖東平，蘊藉風流張壽卿。〈紅梨花〉一段文章盛，花三婆獨自勝，論才情壓倒群

英。敲金句，擊玉聲，振動神京。（挽張壽卿）

從以上三例，我們大致可以看出它們的共同結構，先是人物出場（包含籍貫、職務、心性、才學、嗜好、交遊等的部分交代），接著是劇作的抽樣介紹，最後則結以人物或劇作的論評。

第二類則是以劇本爲主並略有介紹、論評，至於作者似乎是可有可無。如：

〈金鳳釵〉〈打李煥〉〈后庭花〉，〈忍字記〉〈欒城驛〉〈雙教化〉，〈鳳凰兒〉〈料到底〉偷閒暇。〈因禍致福〉關目冷，〈貶揚州〉〈債主冤家〉。〈漁父辭劍〉才情壯，〈孫恪遇猿〉節佳，〈疏者下船〉安頓精華。（挽鄭廷玉）

〈石州情〉醉寫蔡蕭閒，〈芭蕉雨〉秋宵周素蘭，〈澆花旦〉才並〈推車旦〉。〈破苻堅〉淝水間，晉謝得安〈高臥東山〉。瑞昌縣爲新令，眞定府是故關，月落花殘。（挽李文蔚）

仲文蹤跡住金華，才思相兼關鄭馬。出群是〈三教王孫賈〉，〈不認屍〉關目嘉。〈韓信遇漂母〉曲調清滑。〈五丈原〉〈董宣彊項〉，〈錦香亭〉〈王祥到家〉。伴夕陽，白草黃沙。（挽王仲文）

由以上三首挽曲，不難發現劇作（或者該說是劇目）確實是第二類模式的主要成分。依《錄鬼簿》的記錄，它們提到了李文蔚十二種劇作中的六種，王仲文十種中的七種，而鄭廷玉的部分，則甚至一口氣說出了二十四種中的十四種。劇作的列舉，有時配以劇中人物或精簡評論，有時卻只是單純劇目而已。

第三類是以作家爲介紹、評論主體的結構模式，如：

語言脱灑不粗疏，翰墨清新果自如，胸懷倜儻多清楚。戰文場一大儒，上紅筆沒有半點塵俗。尋章摘句，騰今換古，噀玉噴珠。（挽庾吉甫）

警巡院職轉知州，關叟相親爲故友。行文高古尊韓柳，詩宗李杜流，塡詞休蘇舞秦周，翠群紅裡，撏羊糯酒，肥馬輕裘。（挽梁進之）

詩詞華藻語言佳，獨有西湖處士家，滑稽性格身肥大。金斗遺事廝問答，與朱凱士來往登達。珠璣梨繡，日精月華，免不得命掩黃沙。（挽王曄）

這一類全從作家著手，涵蓋面兼及職務、交遊、心性、學養、才藝、作者風格、文學特色等。由於全集中於作者一項，有較多的描寫筆墨，且觸及較廣而多樣的題材，這一類挽曲內容的組織安排，其模式的程度比其他兩類自然稍輕。

賈仲明的八十首挽曲，除一首作綜結不計，另外挽高安道等四人與張以仁等八人的兩首，都僅點到而已，事實上也不容易歸類。其餘的七十七首，大概屬於第一類的有四十一首之多，第二類十四首，第三類二十二首。（註三七）如以上所分，第三類還稍具彈性，有比較大的觸及面。至於第一類，則在一受限的形式之中，必須兼顧作家、劇作、評論方面固定的題材，各自數語提及，深度、廣度，當然都不免受到影響了。第二類全在劇目上打轉，效果亦屬有限。我們可以說，「曲」的形式、「組曲」整齊對等的考量、以及所處理材料本質的一致性，遂導致了這一系列挽曲的模式結構。它們之只能提供資料性、簡評性、論點性的東西，而不能建立更完整的理論或批評體系，與此自然大有關係。

天一閣本《錄鬼簿》分作家爲「前輩名公樂章傳於世者」、「前輩才人有所編傳奇行於世者」、「方今才人相知者」三類，眞正的劇作家皆在二、三兩類之中，賈仲明增補的挽曲也都在此範圍之內。如果以挽曲中此兩類作家和前述的三類模式結構對照參考，可表列如下：

賈仲明增補挽曲 七十七	前輩名公 五十六	方今才人 廿一
第一類：人、劇、評 四十一	三十三	八
第二類：劇、評 十四	十一	三
第三類：人、評 二十三	十二	十

依表所示，前輩名公五十六人中，在第一類的四十一人裡佔三十三人、第二類的十四人裡佔十一人，比例極高。而方今才人三十一人，在第三類的二十二人中，佔將近一半比例的名額，但相對的，第二類則只居其三。這樣的數據似乎透露了一些訊息，也就是賈仲明的評論裡，前期的前輩名公，人與劇多數相依附定評，「人以劇傳」的情形較爲普遍。至於後期的方今才人，或許因鍾嗣成「相知」或至少「聞名」的情感，加以尚未經時間的自然過濾，「人」的考量就浮到「劇」的條件之上了。從

賈仲明另外用二首〈凌波仙〉，就挽弔了張以仁等十二人，那種無足多述的意態，多少也可略見後期雜劇漸趨沒落之一斑了。

三、〈凌波仙〉挽曲中的印象式批評

賈仲明的八十首〈凌波仙〉挽曲，主要在劇作家與作品的記錄，當然其中也有對此二者風格的進一步批評。但緣於詩歌體式本身簡潔的要求，以及詩歌語言隱喻的性質，這些作爲分析評論的文字，運用在〈凌波仙〉的詩歌體式裡，必然會以簡約、概括、比喻的方式出現。而這些，其實也是傳統印象式批評的特色。黃維樑在〈詩話詞話和印象式批評〉一文中，曾如此說道：

> 詩話詞話的印象式批評，對印象的表達，可分爲兩個層次：初步印象和繼起印象。佳、妙、工、警、三昧、本色等，爲表達初步印象用語，是直覺式的價值判斷。繼起印象用語，有抽象的和具象的兩種。飄逸、沈鬱等屬前者，金鵄擘海、香象渡河等屬後者。(註三八)

我們以此來檢視這一系列的〈凌波仙〉挽曲，不難發現裡面批評的用語，確實都在黃氏所論的原則之中。如挽石君寶的「佳句美」、王伯成的「闞目風騷」、王曄的「詩詞華藻語言佳」、岳伯川的「言詞俊，曲調美」、陳寧甫的「闞目奇，曲調鮮」、鄭廷玉的「闞目冷」、「才情壯」、「節佳」等等，都是初步印象的典型例子。而以「翠群紅裡，擣羊糯酒，肥馬輕裘」寫曹明善精神，「詞林老筆軒昂，江湖量，錦繡腸」狀李仲章氣象，以及用「峨冠博帶」、「嬌馬輕衫」、「拈花摘葉」來點染白樸的文人氣質，都能傳神寫出對劇作家的繼起印象。另外，在表達作品的繼起印象時，他也能用「噀玉噴珠」（挽庾吉甫）、「愁霧悲風」（挽李時中）、「風慘煙迷」（挽張時起）這一類極形象化的批評語言，來傳達他對作品風格的感受。

甚至我們還可以讀到這樣的作品，如：

絳州高隱李公潛，養素讀書門鎭掩。青山綠水白雲占，淨紅塵無半點。纖小書樓插牙籤，研架珠露《周易點》，括淡虀鹽。（挽李行甫）

筵前酒海紫金罍，席上籌行白玉簪，碧螺七寶玲瓏嵌。惜花心，做怪膽，絲柳陰府地潭潭。（挽彭伯成）

幾乎是用整首形象化的詩歌語言，在襯托劇作家的人物風格了，蔡英俊認爲「論詩絕句」仍是停留在藝術創作，而不是批評的範疇。（註三九）我們讀這些「論曲」的〈凌波仙〉，也能獲致相同的見證。它的含蓄動人在此，它的朦朧模稜亦在於此。這是賈仲明〈凌波仙〉挽曲的特色，也是整個傳統印象式批評的共同特色。

肆　結　語

如果說鍾嗣成的《錄鬼簿》是傳統曲籍中，第一部將研究視野，從實際表演的領域轉移到對劇作家和作品的記錄，那麼，賈仲明有心增補的八十首〈凌波仙〉挽曲，便是首先觸及到戲曲理論與批評的一組曲論了。這篇文章，主要在透過分析歸納的方法，去披沙揀金，從而說明他們與後世戲曲討論研究的某些關聯。同時也經由形式的考察，確認這組「以曲論曲」的〈凌波仙〉，在杜甫〈論詩絕句〉所開展出來的批評傳統中，具有的承傳與創發的意義，並進一步探索它們在運用的過程裡，所呈現的問題和特色。或許在進行了內容與形式的兩重剖析之後，賈仲明八十首〈凌波仙〉挽曲於曲學史上的價值，會更明確的突顯出來了吧！

【註釋】

註一　葉長海即以為中國戲劇的初期比較著重表演，而不太注重劇本的撰作，「由此，戲劇學就比較注重對演出、觀眾及劇場的記錄。到了元代，有關戲劇的專著也就首先是反映演唱活動及演員生活的，《唱論》和《青樓集》是這種著作的代表。」（駱駝出版社《中國戲劇學史稿》，頁四五）

註二　見《錄鬼簿》提要，《歷代詩史長編》二輯二冊，鼎文書局，頁八八。

註三　《錄鬼簿》不同版本所著錄作家的人數多寡和排列次序，都不盡相同。《歷代詩史長編》二輯二冊所收，乃據《楝亭藏書十二種》本並附校勘。

註四　朱士凱〈錄鬼簿後序〉語，同註二，頁一三八。

註五　蔡英俊〈論杜甫戲為六絕句在中國文學批評史上的意義〉一文，曾謂：「在中國文學批評史上，我們可以看到一種獨特而又綿延不斷的批評傳統。這種批評傳統的特色，就在於它運用詩歌的形式來表達理論或批評的內容。」（附入金楓出版公司周益忠《論詩絕句》一書，頁一九七。）

註　六　鍾嗣成《錄鬼簿》於「方今已亡名公才人，余相知者」諸人傳中，皆明白交代了彼此的情誼。所以弔曲如「魂來處，返故居。比梅花，想更清癯」（挽金仁傑），「後會何時再，英靈甚日還？望東南翹首三山」（挽陳無妄）等，事實上都表達了弔死傷生的本意。同註二，頁一二〇、一二五。

註　七　此八十首〈凌波仙〉曲，見明天一閣鈔本賈仲明增補的《錄鬼簿》。

註　八　賈氏劇作，說法不一，此依曾永義《明雜劇概論》（學海出版社）。

註　九　此書未署作者，一般人疑即賈仲明所作，因無直接證據，仍以歸無名氏為妥，引文見鼎文《歷代詩史長編》二輯二冊頁二九二。

註一〇　見天一閣鈔本的賈仲明〈書錄鬼簿後〉，同註二，頁九八。

註一一　見其《宋元戲曲考》第九章〈元劇之時地〉，僶勉出版社，頁八〇。

註一二　胡適〈再談關漢卿的年代〉，以為其卒年「至早不得在一三〇〇年以前」（收梁沛錦所編《關漢卿研究論文集成》，香港潛文堂，頁二）；白樸則大德十年（一三〇六）八十一歲時仍健在，可參看吉川幸次郎《元雜劇研究》，藝文印書館，頁八一。又馬致遠卒於至治年間（一三二一～一三二三），請參考陳安娜〈馬致遠研究〉，《師大國文研究所集刊》第十三輯，頁九二〇。

註一三　見其《元雜劇研究》，藝文印書館，頁一二七。

註一四　見其《中國戲曲通史》，丹青圖書公司，第一冊頁八五。

註一五　可參看馮沅君〈古劇四考〉中的〈才人考〉，收《燕京學報》第二十期，頁一〇五—一一八。

註一六　見《全元雜劇》三編五冊，世界書局。

註一七　見《永樂大典戲文三種》，長安出版社，頁一三、五九。

註一八　見《錄鬼簿》賈仲明增補本後序，《歷代詩史長編》二輯二冊，頁九七。

註一九　見陶宗儀《輟耕錄》卷第二十五，世界書局，頁三六六。

註二〇　見《歷代詩史長編》二輯四冊，頁一二一、一二二。

註二一　見《元曲選》，正文書局，頁二。

註二二　近人青木正兒《中國文學概說》分文采、本色兩派，劉大杰《中國文學發展史》稱之曰關派、王派。葉師慶炳則定名為劇人之劇與詩人之劇（見其〈論元人雜劇中的劇人之劇與詩人之劇〉一文，《淡江學報》第九期）。

註二三　曾永義〈太和正音譜的作者問題〉一文，初步考定此書編成年代在宣德四年（一四二九）以後、正統十三年（一四四八）以前（收入聯經版《說戲曲》一書之中，頁九八）。

註二四　見該書〈古今群英樂府格勢〉，《歷代詩史長編》二輯三冊，頁一六、一七。

註二五　如何良俊《曲論》：「元人樂府稱馬東籬、鄭德輝、關漢卿、白仁甫為四大家。」王驥德《曲律》〈雜論〉第三十九上則又謂：「世稱曲手，必曰關、鄭、白、馬，顧不及王，要非定論。」（俱收《歷代詩史長編》二輯四冊，頁六、一四九。）

註二六　同註二，頁一〇一。
註二七　齊森華的〈錄鬼簿散論〉一文，即認爲從《錄鬼簿》到《南詞敘錄》、《花部農譚》，「反映的是我國戲曲史上三次推陳出新的巨大變革」（收華東師範大學出版的《曲論探勝》，頁一四）。
註二八　見該書〈群英所編雜劇〉，同註二四，頁四四。
註二九　見其《焚書》卷四〈紅拂〉，河洛出版社，頁一九六。
註三〇　同註二一，頁二。
註三一　見該書卷一〈詞曲部〉〈結構第一〉，長安出版社，頁三。
註三二　收《南京大學學報》一九八六年第四期，頁八〇。
註三三　見《琵琶記》第一齣中〈水調歌頭〉，西南書局，頁一。
註三四　以上介紹論詩絕句的演變歷史，大致取材周益忠的〈論詩絕句〉及其後所附蔡英俊的〈論杜甫戲爲六絕句在中國文學批評史上的意義〉一文。同註五。
註三五　趙山林《歷代詠劇詩歌選注》一書收羅極豐，可參看。北京書目文獻出版社。
註三六　可參看《中國戲劇學史稿》及《歷代詠劇詩歌選注》二書。見註一、註三五。
註三七　以僅爲統計之用，名字茲不一一列舉。
註三八　見其《中國詩學縱橫論》，洪範書店，頁一。
註三九　同註五，頁二〇〇。

參考書目

詩經　大化書局十三經注疏本
禮記　大化書局十三經注疏本
左傳　大化書局十三經注疏本
論語　大化書局十三經注疏本
老子　陳柱選註　商務印書館
楚辭補注　洪興祖注　漢京文化事業公司
史記　司馬遷　鼎文正史全文標校讀本
漢書　班固　鼎文正史全文標校讀本
搜神記　干寶　世界書局
文心雕龍注　開明書店
昭明文選　李善注　藝文印書館

杜詩詳注	仇兆鰲注	漢京文化事業公司
樂府詩集	郭茂倩編	里仁書局
冷齋夜話	釋惠洪	新興筆記小說大觀正編
武林舊事	周密	新興筆記小說大觀續編
遺山先生文集	元好問	四部叢刊
輟耕錄	陶宗儀	世界書局
焚書	李贄	河洛出版社
眞珠船	胡侍	新興筆記小說大觀四編
明夷待訪錄	黃宗羲	世界書局
散曲叢刊	任中敏輯	中華書局
全元散曲	隋樹森輯	中華書局
永樂大典戲文三種		長安出版社
西廂記諸宮調	董解元	世界書局
元曲選	臧晉叔編	中華書局
元曲選外編		中華書局
全元雜劇初編・二編・三編・外編		世界書局

校訂元刊雜劇三十種　鄭騫校訂　世界書局
孤本元明雜劇　王季烈編　商務印書館
元人雜劇注　顧肇倉選注　世界書局
琵琶記　高明　西南書局
六十種曲　毛晉編　開明書店
桃花扇　孔尚任　漢京文化事業公司
綴白裘　汪協如校　中華書局
曲海總目提要　黃文暘　正光書局有限公司
中原音韻　周德清　鼎文歷代詩史長編二輯
青樓集　夏庭芝　鼎文歷代詩史長編二輯
錄鬼薄　鍾嗣成　鼎文歷代詩史長編二輯
太和正音譜　朱權　鼎文歷代詩史長編二輯
曲律　王驥德　鼎文歷代詩史長編二輯
曲論　何良俊　鼎文歷代詩史長編二輯
度曲須知　沈寵綏　鼎文歷代詩史長編二輯
閒情偶寄　李漁　鼎文歷代詩史長編二輯

劇說	焦循	鼎文歷代詩史長編二輯
曲話	梁廷枏	鼎文歷代詩史長編二輯
續詞餘叢話	楊恩壽	鼎文歷代詩史長編二輯
霜厓曲跋	吳梅	中華書局新曲苑
曲海一勺	姚華	中華書局新曲苑
宋元戲曲考等八種	王國維	僶勉出版社
元曲六大家略傳	譚正璧	僶勉出版社
古劇說彙	馮沅君	商務印書館
中國戲劇發展史	周貽白	僶勉出版社
中國戲劇史講座	周貽白	木鐸出版社
周貽白戲劇論文選	周貽白	湖南人民出版社
戲劇縱橫談	俞大綱	傳記文學出版社
景午叢編	鄭騫	中華書局
戲劇論集	姚一葦	開明書店
戲劇與文學	姚一葦	遠景出版社
戲劇原理	姚一葦	書林書店

藝術的奧秘　姚一葦　開明書店
詩學箋註　姚一葦箋註　中華書局
元雜劇本事考　羅錦堂　順先出版公司
錦堂論曲　羅錦堂　聯經出版事業公司
雙漸蘇卿故事考　李殿魁　文史哲出版社
元明清劇曲史　陳萬鼐　鼎文書局
說戲曲　曾永義　聯經出版事業公司
中國古典戲劇論集　曾永義　聯經出版事業公司
說俗文學　曾永義　聯經出版事業公司
明雜劇概論　曾永義　學海出版社
中國古典戲劇史初稿　唐文標　聯經出版事業公司
元雜劇中的愛情與社會　張淑香　長安出版社
元劇評論　黃敬欽　楓城出版社
雙漸與蘇卿故事研究　齊曉楓　文史哲出版社
西方人看中國戲劇　施叔青　聯經出版事業公司
元雜劇所反映之元代社會　顏天佑　華正書局

中國劇詩美學風格　蘇國榮　丹青圖書有限公司
戲曲表演美學探索　韓幼德　丹青圖書有限公司
中國戲劇學史稿　葉長海　駱駝出版社
中國戲劇史　張燕瑾　文津出版社
元雜劇發展史　季國平　文津出版社
中國板式變化體戲曲研究　孟繁樹　文津出版社
中國戲曲通史　張庚、郭漢城　丹青圖書有限公司
張庚戲劇論文集　張庚　文化藝術出版社
元代雜劇藝術　徐扶明　上海文藝出版社
論元代雜劇　商韜　齊魯書社
中國古典悲劇論　焦文彬　西北出版社
元代雜劇史　劉蔭柏　花山文藝出版社
曲論探勝　齊森華　華東師範大學出版社
古典戲曲編劇六論　祝肇年　北京中國戲劇出版社
比較研究：古劇結構原理　李曉　北京中國戲劇出版社
關漢卿三國故事雜劇研究　劉靖之　三聯書店香港分店

元人雜劇序說　青木正兒著、隋樹森譯　長安出版社

中國近世戲曲史　青木正兒著、王吉廬譯　商務印書館

元雜劇研究　吉川幸次郎著、鄭清茂譯　藝文印書館

戲劇藝術之發展及其原理　趙如琳譯著　東大圖書公司

戲劇的分析　C.R.Reaske著、林國源譯　成文出版社

元雜劇研究概述　寧宗一等編　天津教育出版社

元雜劇鑒賞集　北京人民文學出版社

歷代詠劇詩歌選注　趙山林選注　北京書目文獻出版社

戲曲美學論文集　張庚、蓋叫天等著　丹青圖書有限公司

關漢卿研究論文集　古典文學出版社

關漢卿研究論文集成　梁沛錦編　香港潛文堂

宋元明清劇曲研究論叢　周康燮主編　香港大東圖書公司

元雜劇論集　百花文藝出版社

人間詞話　王國維　開明書店

中國文化之精神價值　唐君毅　正中書局

蛻變中的中國社會　李樹青　里仁書局

文學與生活　李辰冬　中華文藝出版社
美的尋覓　王延才　遼寧大學出版社
比興物色與情景交融　蔡英俊　大安出版社
論詩絕句　周益忠　金楓出版社
社會心理學理論　張華葆　三民書局
陳世驤文存　陳世驤　志文出版社
中國文學論叢　錢穆　東大圖書公司
中國文學研究新編　鄭振鐸　明倫出版社
照隅室古典文學論集　郭紹虞　丹青圖書有限公司
玉輪軒古典文學論集　王季思　北京中華書局
近古文學概論　徐嘉瑞　鼎文書局
中國文學發展史　劉大杰　華正書局
新編中國文學史　復文圖書出版社
中國文學研究　佚夫主編　香港東亞圖書公司
文史論文集　葉師慶炳等著　商務印書館
中國古代美學藝術論　朱光潛、宗白華等著　木鐸出版社

中西比較文學論集　鄭樹森編　時報出版社
抒情的境界　聯經中國文化新論叢書
意象的流變　聯經中國文化新論叢書
美學　黑格爾著、朱孟實譯　里仁書局
元曲選百種雜劇情節結構分析　潘麗珠　師大國文所八十一年博士論文
水滸戲曲二十種研究　謝碧霞　台大中文所六十七年碩士論文
馬致遠雜劇研究　唐桂芳　政大中文所六十五年碩士論文
現存元人度脫雜劇之研究　蕭憲宗　高師大國文所六十七年碩士論文
馬致遠研究　陳安娜　師大國文所集刊第十三輯
論元人雜劇中的劇人之劇與詩人之劇　葉師慶炳　淡江學報第九期
元雜劇體制規律的淵源與形成　曾永義　台大中文學報第三期
典型人物的個性　馮景陽　東北師大學報一九八六年第二期
一種獨特的曲論形式
——談賈仲明爲錄鬼簿增補的挽曲　周維培　南京大學學報一九八六年第四期
古代曲論中的結構論　俞爲民　南京大學學報一九八七年第四期
元代公案劇的基型結構　齊曉楓　文學評論第四集

柳翠劇的兩種類型　胡可立　文學評論第四集
元雜劇楔子研究　闕尙智　文學評論第七集
試談救風塵的結構　方光珞　中外文學四卷七期
關漢卿的竇娥冤：一個通俗劇　張漢良　中外文學四卷八期
悲劇：感天動地竇娥冤　古添洪　中外文學四卷八期
悲劇情感與命運　柯慶明　中外文學五卷二期
竇娥的性格刻劃　彭鏡禧　中外文學七卷六期
元明愛情團圓劇的思想框架　李元貞　中外文學十卷一期
竇娥冤的結構分析　容世誠　中外文學十二卷九期
竇娥冤的冤與願　黃美序　中外文學十三卷一期
元雜劇主唱者腳色初探　林明珠　中外文學十八卷三期
單刀會的寫作技巧　羅錦堂　中外文學十八卷十二期
論關漢卿雜劇中的「改扮人物」　李惠錦　中外文學十九卷六期
元雜劇的「插曲」研究　張啓超　聯經小說戲曲研究第一集
中國悲劇與希臘悲劇　程石泉　哲學與文化十五期
先秦諸子對天的看法（上）（下）　許倬雲　大陸雜誌第二、三期

傳統詩學「詩言志」的精神　蔡英俊　鵝湖月刊一卷十期

竇娥冤的悲劇和現實　唐文標　明報月刊一二五期

近代傳奇雜劇的嬗變　梁淑安　中國社會科學一九八三年第三期

戲曲結構三題　馬焯榮　戲曲研究第八輯

情節結構的單一性——戲曲藝術線性節奏表現之一　姜永泰　戲曲研究第九輯

中國傳統戲曲結構特徵三題　馬也　戲曲研究第十輯

論元雜劇的戲劇衝突　郭英德　戲曲研究第十五輯

戲曲藝術的特殊綜合歷程　沈堯　戲曲研究第十八輯

戲曲劇本的結構特點　辛人　戲曲研究第十八輯

戲曲的意境　華迦　戲曲研究第十八輯

巧切自然——馬致遠劇作融詩入曲舉例　陳紹華　戲曲研究第十八輯

從一人獨唱談到元雜劇之特徵　金文京　中研院文哲所八〇年五月中國文哲研究的展望學術研討會論文抽印本

元雜劇藝術結構形成的幾個問題　索羅金　漢學研究中心八十二年二月八日演講稿提要